WILD CHERRY LIFE

WILD CHERRY LIFE

ワイルドチェリーライフ 山口明

童貞力で一億総クリエイター時代を生きる

市川力夫・著

MOBSPROOF EX

童貞戦線異状アリ

ALERT ON THE VIRGIN'S FRONT

GUCCHI BRAIN

人並み外れた回転数で森羅万象を下ネタに変換。また、膨大な情報を処理・昇華して斬新なアイデアやデザイン、発言を生み出し、出版界だけでなく様々な業界人を魅了し続けている。

GUCCHI EYE

キラキラとした少年のような瞳を持ち、その瞳で見つめられた乙女のハートはメロメロに。童貞を守るため、サングラスでその眼力を封印している。

GUCCHI HEART

とても繊細で優しい心を持っているか、ゴシップ好きな悪魔の心を持っているかは、本書を読めばわかるはず。

GUCCHI MOUTH

非常に滑らかに、息を吐くように下ネタを連射するマシンガン・マウス。何時間でも喋り続けることができる驚異の持久力を誇る。

GUCCHI HAND

macを使わず、驚異的にカッコいいデザインをクリエイトする。21世紀でも版下でデザインを作成できる、まさにゴッド・ハンドである。

GUCCHI PENIS

TOP SECRET!!

GUCCHI GUCCHI GUCCHI

ヤル前からセックスに飽きてるんですよ

I'M BORED OF HAVING SEX BEFORE I DO IT

たいていの女は会った瞬間に抱いている

MOST WOMEN HAVE SEX THE MOMENT THEY MEET

絶対にチャンスは巡ってくるでも、童貞じゃない奴は焦って巡ってくるまで我慢できない

『爆裂都市』を観てお客さんとケンカした

クロスロードで悪魔に童貞を売った

山口明 Akira Yamaguchi Profile

1960年7月10日生まれ。生粋の童貞（プロ童貞）。愛称はグッチー。『ザ・ワールド・イズ・マイン』（新井英樹）『妄想の花園』（楳図かずお）『捨てがたき人々』（ジョージ秋山）『史記』（横山光輝）など名だたるコミックや書籍の装丁を手掛けるデザイナーとして活躍後、2017年に廃業宣言。現在は親の介護に専念している。携帯もパソコンも持っていない無頼派。2018年、自身のファッションブランド・OLD CHERRY PUNKを設立。
特技：おしゃべり　好きなもの：カレー　嫌いなもの：肉の脂身

WHO are YOU?

山口明とは何者なのだろう？

長年交流を持つ人たちも、一言では答えられない唯一無二の存在

それが山口明である。

しかし、それを少しでも解明するため、

関係者から山口明とのオリジナリティ溢れる交流の様子を語ってもらった。

もっと山口明（グッチー）を知りたい！

featuring

掟ポルシェ（ロマンポルシェ。）

掟ポルシェ
Okite Porsche

「山口明の童貞は誇りであり存在理由」

男気啓蒙ニューウェーヴバンド・ロマンポルシェ。のヴォーカル＆説教を担当し、『盗んだバイクで天城越え』などをリリース。『別冊少年チャンピオン』他、多数の媒体にてコラムを執筆。俳優、DJなど活動は多岐にわたる。著書に『説教番長　どなりつけハンター』（文芸春秋社・刊）、『男の！ヤバすぎバイト列伝』（リットーミュージック・刊）などがある。

童貞であることを誇示し、初対面の人への自己紹介も二言目には「オレ、童貞なんスよ〜」と聞かれもしないのに告白。生身の女とヤッていないことを芸術の域まで高めた童貞界のスーパースターが山口明さん（現在58歳）である。

パッと見モテそうな外見。全身クロムハーツで固めた優男（本人曰く「オレ、昔リューベンに似てるって言われてて〜」）だが、その実態は童貞。一度口を開けば、軽薄を絵に描いたような甲高い声でエロ話しかせず、ズッコケる。そのトークは軽妙にして洒脱すぎるので、皆話しているうちにいつしか山口さんの虜になってしまう。

山口さんの話は徹頭徹尾、これでもかというほどくだらなくて目が覚める思いがする。大体は趣味で大量に買っているAVの話。まだビデオの時代、裏ビデオ屋に入り浸り週10本裏ビデオを購入。キッチリ日参するので、「お客さん、そんな毎日来たって新作入らないから、もうちょっとスパン空けてくださいよ！」と店長に制止されるほど。フレンドリーな性格のため、他のお客さんに「これ、いいッスよ〜」とオススメビデオを紹介。故に、山口さんが行かない日に来た客から、「あれ？　いつもの人、今日はお休みなんですか？」と店員に間違えられることもよくある。ユーザーの視点に立って（というかただのユーザーだが）、AVのヌキどころを事細かに解説してくれる。とにかく親切心旺盛なのだ。

8年前の時点で聞いた話では、AV仙人の山口さんの好みのタイプは、「水着の形に日焼け跡がクッキリ付いてパンダみたいになってる『パンダ熟女』なんスよね〜！」だとか。「もうオレ、好きすぎちゃって、ホンモノのパンダでもイケんじゃねーかな？　と思ってですね〜、シマウマは無理ですけど〜、とか言って〜！　カカカカ！（笑）」。これ、文字起こしするとシマウマは些か飛ばしすぎに見えるが、「とか言って〜」の辺りですでに山口さん自身が異常な量の含み笑いをブッ込んでくるので、かなり無茶な例えも通ってしまう。これはもう、山口さんの人徳、いや、童貞徳としか言いようがない。

盗撮ものAVも大好きで一家言あり。「部屋を真っ暗にして、双眼鏡で見るんスよ〜。冬場は窓開けてコート着て。臨場感が違う」んだとか。50オーバーの童貞が実家の2階でやってることがこれだと思うと最高にカッコ良すぎて涙が出るが、実際の覗き行為など逮捕されるようなことは決してせず、あくまでバーチャル覗きとしての精度を上げるのが童貞流。裏ビデオは一度警察に厳重注意されて以来止めて、今ではラムタラで表のエロDVDしか買わない。童貞は法を犯さない。

8年前の時点ですでに寄る年波がグッチー先生のポコチンをも脅かすようになり、勃起力も減退。「オレもうセックス飽きちゃって〜」と悩みを告白。童貞なのに飽きるわけねーだろ！　というツッコミ待ち発言で我々をグイグイ追い詰める。「だから、勃起させるためのAVとヌクためのAVを分けてまして〜。盗撮とかシーメールもので立たせて、日焼け熟女でフィニッシュを迎えるんスよ〜」。もう、童貞を極めすぎて常人の理解の範囲を超えている。達人とはそういうものだ。

山口さんは御年58歳だが、当然未来永劫童貞保証済みだ。当の本人が守り抜く気まんまんである以上、山口明の童貞は恥ずかしいものでは決してなく、誇りであり存在理由ですらある。何人たりとも飲むことを許されない海底2万マイルに沈む貴腐ワインに似て、飲み頃は幻想の彼方。

「山口さんの性の遍歴を把握してます」

石原まこちん

Makochin Ishihara

山口さんとの出会いはもう20数年前になります。

語り尽くせぬいろいろな珍事があります。

私の漫画『にぎっとレゲエ寿司』（秋田書店・刊）では原案協力もしていただきました。ですので、ざっと山口さんとの思い出を箇条書きにして振り返りたいと思います。

①　最初の出会いはヤングサンデー編集部。グラビアページをガン見してる僕に、「この子あれなんすよー○○○の○○なんすよねー」といきなりゴシップネタを教えてくれた。

②　初対面で童貞だということを打ち明けられたが、僕は信じていなかった。

③　鍋を一緒に食べた時、曇ったグラサンを外した山口さんの目が少年のようにキラキラしていて、僕は「童貞じゃない」と疑っていたことを謝罪した。

④　山口さんからお借りしたGGアリンのうんこ投げるDVD（『全身ハードコアGGアリン』）を又貸ししても、「いいっすよ！」と笑顔で許してくれた。

⑤　隣でボブ・マーリーの曲を山口さんのセクシーな声で弾き語りしてくれた。

漫画家。高校卒業後に就職した会社を3日で辞め、フリーター・ニートとして友人とファミレスでダベっていた実体験をもとに描かれた『THE 3名様』は、実写・アニメ化もされ大ヒットした。「週プレNEWS」にてキン肉マンスペシャルスピンオフ作品『THE 超人様』を連載中。

⑥　お会いするたびに袋詰めされた大量のＡＶを分けてくださった。ですので、十数年の山口さんの性の遍歴を把握しています。

⑦　雨の日、その紙袋が破け、東横線内にＡＶが散乱した。

⑧　滝沢で待ち合わせした時、山口さんが新宿駅を降りた瞬間、山口さんの香りが滝沢まで届いた。

⑨　電話で3時間くらい話していたら、ほとんど山口さんが喋っているはずなのに、僕が酸欠状態になり倒れた。

これからも僕のこと、電話で失神させるパワフルな童貞でいてください！

オノチン

Onoching

「山口さんが近づいてくると、ヤリチンが付けてそうな香水の匂いですぐわかる」

海外でツアーやリリースも行い、ロウなパンクサウンド（と全裸のステージ）で世界的に支持を受けるJETBOYSのヴォーカリスト＆ギタリスト。

Mr.DT レジェンド・カリスマ童貞
山口明伝
裸のエンジェル
何かいいことないの?
プヘー(香水り)
メチャ猫背(笑)
昔、全身クロムハーツ/今全身666だ!!
誰に対しても下ネタ!!(笑)
その為のイヤがる人も多い(笑)
オレラ2人とも50過ぎて一時、毎
電話していた。(しかもいつも2時間以
って付き合いたての高校生カップ
待ち合わせして、山口さんが近づいて
ヤリチンが付けてそうな香水の匂い
喫茶店に入るやいなや、大声で下ネ
「すみませんが、周りのお客様にご迷
小さい声でお願いできませんか?」
居酒屋じゃないんだから!ってお酒
もちろんタバコも吸わず、SEXもし
山口明イズムだ!!(ちなみにデ
はおろか携帯電話すら持っていない!
☆一時、UFOをよく見たり、宇宙人とコン
てあ〜この人ついに行っちゃったかへ、と思
説得力だけはあったのでオレは信じた。
世の中ひっくり返るから大丈夫だ」とい
現れなかった(笑)仕事もせずさぼりまくっていたオレラ… これが

「成就不可能な永遠の片思いなの」

イライザ・ロイヤル

Erieza Royal

「いやー、仕事も無いし、お父さんもお母さんも2人してボケちゃったし、もう死ぬしかないですよ‼」
「ちょっと待ってください！　死ぬ前に1回、私とセックスしましょう！」
「（被せ気味に）イヤですよ！」

電話のお相手は伝説の童貞・山口明さん。

これは数年前の出来事なのだけれど、今も氏とは肉体関係を持てないまま。

御免なさいね。彼の童貞エピソードを面白おかしく語りたい気持ちはあるのよ。でもね、私にとって、他者の性行為経験の有無はどうでもいいというか。

イライザ・ロイヤル＆ザ・総括リンチではヴォーカル＆代表を務めるミュージシャン。ＳＭの女王、モデル、ライターと、多岐にわたり活躍中。
Artwork : Illcommonz
photography : Takayuki Mishima

ただただ、彼と過ごす時間が楽しくってねぇ。

普段の私たちのおしゃべりの内容といえば、古い映画、音楽、文学や美術について。

ベタすぎるほどに耽美なものを好む私が、「金子國義展、行きましたよー」なんて話をすると、そこから四谷シモン、澁澤龍彦へと話はどんどん脱線していくの。だけど、その脱線がいつも心地好いの。

どういう流れでそうなったのかは忘れてしまったけれど、ヴィスコンティの話をした1分後には、「いつもチンポの先が濡れてますからね！」と大声で自身の性器の状態を報告するスピード感、品性と下衆さのバランスこそ彼の魅力なのではないかしら。

あとね、私の周りには横尾忠則の作品についてあれやこれや解説をしてくれる年長者が何人かいる中、やっぱり山口さんがいちばん重要な話を聞かせてくれたの。

「横尾忠則が自宅にやってきた編集者に向かって『さっきまで庭にＵＦＯが来てた』と語るエピソード」を北千住の純喫茶で嬉々として話す彼。

そうねぇ、あとは山口さんと会う時はいつも気の利いた食事が付きものね。

池波正太郎が通っていたという老舗の蕎麦屋で、「ジュリー、中曽根康弘のお稚児さんだった説がありますよねぇ」と、いつもの大声でブッ込んできたりするので、一緒に食事をするハードルが高いのよ。

声がデカすぎて＆会話が下衆すぎて、出禁になった店は数知れず（主に喫茶店）。

しかし、いついかなる時であろうと、イタリアンでもフレンチでも必ず美味しいお店を選び、エスコートしてくれる彼。

うーん、山口さんとの日々を思い出せば思い出すほどつくづく不思議な存在だわ。

今は確か58歳でしょ？　常に年上の女性が好きと標榜していらしたから、何年私が「セックスしましょうよ！」とオファーを出しても成就不可能な永遠の片思いなの。

童貞にフラれ続ける女王（私の生業はＳＭの女王です）っていうのも、なんだか間が抜けていて悪くないわね。

愛してるわ、私のスウィートハート！

愛してるわ、私のボーイフレンド！

２０１８　盛夏　至パリ３区

イライザ・ロイヤル

http://erieza-royal.com/

「童貞というか、変な人」

小田原ドラゴン

Odawara Dragon

——数多くの童貞漫画を描かれてきた小田原ドラゴン先生は、山口さんのことも漫画にされたんですよね？

小田原　そうですね。12年か13年ぐらい前だと思うんですけど、それまでにもずっと童貞漫画を描いていて、いろんな出版社の人から聞くんですよ。「童貞のすごい人がいる」って。

——やはり漫画業界では有名なんですね。

小田原　有名でしたね。で、何度か会わせてくれるっていう話があったんですけどなかなかタイミングが合わなくて。結局、山口さんの話を初めて聞いてから4、5年ぐらい経ってようやく会えて、その時の模様を漫画にしたんですよ。

漫画家。1997年『ヤングマガジン増刊赤BUTA』でデビュー。翌年、『週刊ヤングマガジン』で『おやすみなさい』を連載開始。ペンを握って300日で連載開始という、『週刊ヤングマガジン』誌上最短デビュー記録を持つ漫画家。代表作に童貞戦士を描いた『チェリーナイツ』『ワイルドチェリーナイツ』など。

——『週刊ヤングサンデー』で連載されていた『小田原ドラゴンくえすと！』というルポ漫画ですよね。会うまでにいろいろと噂は聞いてて、実際会ってみてどうでした？

小田原　たしかちょうど10歳違いなので僕が当時35歳で山口さんが45歳の時ですかね。まず童貞には見えなかったですね。童貞像とは全然違うし、見た目もカッコ良さげじゃないですか。ロッカーみたいな感じでバンドとかやってそうだし、ヤろうと思えばいつでもヤレるんじゃないかなって思いましたね。

——本人も言ってますね。「ヤレなかったんじゃなくてヤらなかったんだ」って。

小田原　でも、話をしてておかしいところがあるじゃないですか。その当時、僕は二つ折りの携帯をズボンのポケットに入れてたんですけど、喫茶店に入って座る時にそのポケットの膨らみを見て「それチンポ？」ってデカい声で聞いてきて（笑）。

――完全にどうかしてますね。

小田原　会ってすぐだったからさすがにビックリしましたね。とても45歳の人と話してるとは思えなかったですよ（笑）。あと、覚えてるのが「セックスさせてくれると言ってる30歳の女友だちがいる」って。どうやら約束までしてたらしいんですよ。

――え！

小田原　結局セックスすることはなくなったらしいですけどね。で、童貞にまつわる話をいろいろ聞いたんですけど、わりと「セックスはどうでもいい」みたいなことを言ってたのを覚えてますね。

――童貞とは思えない発言ですよね。

小田原　童貞ってセックスしたいものじゃないですか。だから、もしかしたらすでにヤってるんじゃないか？　っていう疑惑もあるんですよ。

――山口さんと会った人が、一度は浮かぶ疑惑ですね！

小田原　童貞っぽさは皆無ですよね。童貞のわりにはよく喋るし、女の人の友だちも多そうだし、本人が「童貞です」って言ってること以外は確証が持てないっていうか……。だから取材した印象としては「童貞」という括りではなくて、変な人っていうか（笑）。「変な人」の中のオプションとして「童貞」がくっついてるっていう感じですかね。

――小田原先生は数多くの童貞に会ってきたと思うんですけど、似たような人っていましたか？

小田原　あんな人いないですよ。

――童貞漫画の参考には……。

小田原　ならないですよ（笑）。でも、僕は一度でいいからセックスしてほしいですけどね。で、感想を聞いてみたいですね。

「息子が山口さんのこと大好きなんですよ」

廣瀬裕美

Yumi Hirose

某出版社勤務であり、二児の母。独自の視点でエッジの効いた書籍を編集しつつ、山口氏のネット関連サポーター有志のひとりとして協力を行っている。

——廣瀬さんは山口さんのTwitterやFacebookなど、SNSの管理人をされてるんですよね。

廣瀬　3年ぐらい、週2、3日会ってた時期があって。毎回お昼ご飯をおごってもらってたんですよ。で、ハッキリ言ってすごいお金を使わせてしまってるわけじゃないですか……。だから、恩返しってわけじゃないですけど、なにかしたいと思ってTwitterを始めたんですよ。

でも、私が産休に入ったりしちゃって、その間には漫画家の石原まこちん先生とか、イラストレーターの蛸山めがねさんとか、何人かの知り合いにお願いしたりしたんですよ。だから、実質は私だけじゃなくて5、6人で代理人をやっているので、かつてのZARDみたいなプロジェクトになってます（笑）。

——パソコンやスマホを持たない山口さんだから、仕事の連絡もそちらに届いているんですか？

廣瀬　そうですね。でも、先日ものすごく有名な人との対談のオファーがきたんですけど、「オレはいいよ〜」って辞退しちゃったんですよ。たまにそういうところがあって、あんまり自分からは前に出たくないみたいですね。かと思えば、Twitterで誰がフォローしてるか気にしてたりするところもあるし、わけが分からないです（笑）。

——山口さんのTシャツブランド、オールド・チェリー・パンクのスタッフもされてるんですよね？

廣瀬　デザインラフの指示がすごいんですよ。やっぱり元々すごいデザイナーさんだから、分かりやすくて丁寧。字も読みやすくてさすがですよね。

――錚々たる漫画家さんの装丁を手がけてますもんね。

廣瀬 そうですよね。私も『ザ・ワールド・イズ・マイン』とか好きだったので、山口さんが装丁をやってると知った時は「え！ このオッサンがそんなことやってたの！」って(笑)。

――後で知ったら余計ビックリしますよね。ちなみに山口さんと初めて会った時の第一印象って覚えてますか？

廣瀬 それがなんにも覚えてないんですよ。全身真っ黒の服というのと、とにかくずっと喋ってるじゃないですか。でも、喋ってる内容も覚えてないし……。正直、山口さんと喋ったことって覚えてます？

――いや……。

廣瀬 私も全然覚えてないんですよ！ 断片的には覚えてるんですけどね。

――宇宙人と遭遇した人の回想みたいですね(笑)。

廣瀬 だから、茶飲み友だちっていう感じですね。でも、そういう山口さんの距離感が好きなんですよ。めちゃくちゃ会っててもベタベタしてこないじゃないですか。「今度家に遊びに行くわ！」とかもないし、ご飯とお茶で終わる清い感じ(笑)。童貞だからなのかどうか分からないですけど。でも、知らない人に「どんな人？ プロ童貞って何？」って聞かれても、うまいこと言えなくないですか？ 童貞って悲惨な感じがするけど、山口さんは真逆だし……。

――世間一般の童貞とはわけが違いますよね。

廣瀬 マメなところがあるし、モテそうですよね。いい匂いもするし。あと、私の息子が山口さんのことをめっちゃ好きなんですよ。山口さんの似顔絵を描いたりするし、ずっと「グッチーに会いたい！」って言ってて。しまいにはスキニーのパンツを冬用のブーツにインして、パチモンのライダース着て「グッチー！」って(笑)。

――子供のハートを掴む童貞！

廣瀬 きっと子供には分かる動物的ななにかがあるんじゃないですかね。

「レインマン級の記憶力のオーナー」

ギンティ小林

Ginty Kobayashi

『映画秘宝』などで活躍するフリーライター。日本各地で撮影した心霊＆ショック映像ドキュメント『スーサイド・ララバイ きめてやる今夜』が完成間近。『新耳袋殴り込み 最恐伝説』（KADOKAWA・刊）『雑食映画ガイド』（町山智浩、柳下毅一郎との共著、双葉社・刊）など編・著書多数あり。

「ギンティくんだよね!? あんたに会いたかったんだよお！」

そう言いながら、やけに小さい男がにやにや笑っています。ちっちゃい身体の上下ブラックレザー。長髪に黒いサングラス。まるでロックンロール昆虫のようです。

「どうも！ デザイナーの山口です！」

これが僕の初対面です。忘れもしません。1999年、新宿ロフトでのことです。この日はACCEL4のライブでした。

「いやあ、やっと会えましたねえ！」

当時から、仕事先の編集者やライター仲間たちの間では「山口明さんってすごいデザイナーがいる」と都市伝説のような存在になっていたので、僕もいつか会いたいと思っていました。そんなわけでライブ終了後、「お茶でも」ということになりました。喫茶店の席につくなり、山口さんは切り出しました。

「実はオレ、童貞なんですよ！ ひゃひゃひゃひゃひゃひゃひゃっ！」

は？ 初対面の人間がいきなり何を言い出すんだ……あまりのことに二の句が継げません。

「今年39歳なんだけどね！ 今まで一度も女と付き合ったことないのよ！」

……じょ、冗談ですよね？

「ひゃひゃひゃひゃひゃひゃひゃっ！ 本当なんだよ！ この

まま童貞を貫こうと思ってるから！」

　会ったばかりの僕には同意のしようがない力強い決意と共にサングラスを外す山口さん。昭和のマイナーアイドルを思わせる古いハンサムですが、眼力が強すぎて……というよりも、瞳孔が開いちゃってるというか、とにかく瞳がバキバキすぎて直視できません。うつむく僕に山口さんは、さらにテンションを上げてきます。

「だからオレ、童貞を売りにしようと思ってるんすよ！　どうですかねえ⁉」

　どうですかね、って言われても……そ、それはキャラとしてですか？

「なに言ってんですか！　オレを、童貞じゃないのに童貞のふりして商売してるビジネス童貞と一緒にしないでくださいよ！　オレは寸止めなしの！　極真童貞なんですよ～！」

　店内にいた客が一斉に山口さんを見ました。皆の顔が「この人、頭おかしいんじゃないの……」と言いたげですが、そんなこと無問題に山口さんのトークは続きます。

「あ、でも、オレ、熟女が好きなんですよお！　毎朝、「はなまるマーケット」の岡江久美子を見るのが楽しみなんですよお！　岡江久美子どう？　あんま好きじゃない？　イカンですね～。あ、あと、いつかレディースに襲われて、輪姦されるのが夢なんですよねえ！　ギンティくん、オレを輪姦してくれるレディース知りませんか⁉」

　そんな相談されても……。それに、さっき童貞を貫く、って誓いましたよね……と僕が返答するよりも早く、山口さんのトークはピンボールの玉が弾けるようにクイックかつ勢いよく話題が変わり続け、アっという間に終電の時間となりました。

「今度、巣鴨の事務所に遊びに来なよ！　AVたくさん持って帰っていいから！　あんたAV好きそうな顔してんもんなあ！　遊びに来たら何食いたい？　寿司？　それとも焼肉？　あ、じゃ、オレ、ここから電車に乗るから！　それじゃね！　今度、電話するから！」

翌朝、さっそく電話が来ました。

「山口ですけど～！　お、ギンティくん、いましたか！　センズリしてたの？　あ、してない。イカンですね～！　いやあ、暇だから電話しちゃいましたよお！」

電話なのでバキバキの眼を見ないですんだおかげか、山口さんのトークに身を入れて拝聴することができました。そしたら、山口さんの画期的なトークスキルに魅了されてしまい、2時間以上も長話をしてしまいました。そして、山口さんは童貞というキーワードだけでは括りきれないほど、ディープな魅力を持つ人であるということが分かりました。レインマン級の記憶力のオーナーであることも。常人では真似のできない面倒見の良すぎるナイスガイであることも。この日を境に僕は山口さんと昼間っから仕事もせずに平均2時間ぐらいの長電話をしたり、事務所に遊びに行っては大量の山口さん使用済みAVを頂いたり、事務所近くにある「伯爵」という名前のゴージャスかつケバケバしい内装の喫茶店で濃厚な無駄話をしたりする鮮やかな交際をするようになりました。

そんなお付き合いの中では、こんなこともありました。数年前、山口さんに新しい女性の友だちができました。仮にA子さんとします。例によっての長電話で、「最近、しょっちゅうA子と飯食ったり茶を飲んでるよ！」と彼女の話題になった時、僕は軽い冗談のつもりでこんなことを言いました。A子さんは山口さんの童貞を奪って、サブカル業界に名を売りたいんですよ。だから気をつけてくださいよ。山口さんの童貞はもはや山口さんだけのものじゃないんですから。我々の童貞でもあるんですから！　と。

「ひゃひゃひゃひゃひゃっ！　面白いこと言いますね～！」

数日後、山口さんから電話がきました。

「この前、A子に会った時、ギンティくんのことを言っといたよ！」

え！　もしかして、それって……。そうです。山口さんは僕の発言をビタ一文もオブラートに包むことなく、A子さんに伝えたそうです。

「そしたら彼女、号泣しちゃったよ！　その場にいたA子の友だちが皆、ギンティくんのこと怒りだしてビックリしたよ〜！」

当り前じゃないですか！　なんで、そんな真っ直ぐなことを本人に言っちゃうんですか⁉

「だって！　オレは口が滑らかな男じゃないですか！　言うに決まってるじゃないですかあ！」

そんなこと、力強く断言しないでくださいよ……。念のため書きますと、A子さんは純粋に山口さんの人柄に惚れてお友だちになっただけ。そして今でも僕のことをイラッとしている、と伺ったので、この場を借りてお詫び申し上げます！

A子さんといえば、この本の取材・構成・デザインを担当している市川力夫が以前、山口さんに「A子みたいな女性はどう思う？」と聞かれたので、「全然タイプじゃないですね」的なことを軽い気持ちで答えたら案の定、山口さんはA子さんにありのまま報告して、彼女を激怒させたそうです。普通なら市川力夫と山口さんは絶縁状態になっても不思議ではない事態です。しかし、そんな仕打ちをされた市川力夫が、この本のため、僕の初対面の時以上にクレイジーすぎる発言満載な山口さんの独白を延べ50時間にわたりつぶさに聞き続け、一冊の本にまとめ上げた。そうさせてしまうところが、山口さんのエキセントリックすぎる人徳であり、そんなチャーミングきわまりない人物になる秘訣がこの本に記されてるのではないでしょうか。たぶんですけど。

ギンティ小林 Twitter @gintykobayashi

ROCKER'S WORKS

山口明のデザイン世界

デザイナーとして多くの仕事をしてきた山口明
作品の魅力を一層引き立てる装丁デザインを中心に
山口明のデザイン世界を、自身の解説とともに紹介する

年賀状(1999)

年賀状デザイン

山口明の名物デザインが毎年かなりの時間を割いて制作された年賀状だ。ギュウギュウにネタが詰め込まれており、届くのを楽しみにしていた人も多い。本書ではすべての年賀状を一挙掲載する。

年賀状(2002)

年賀状(2001)

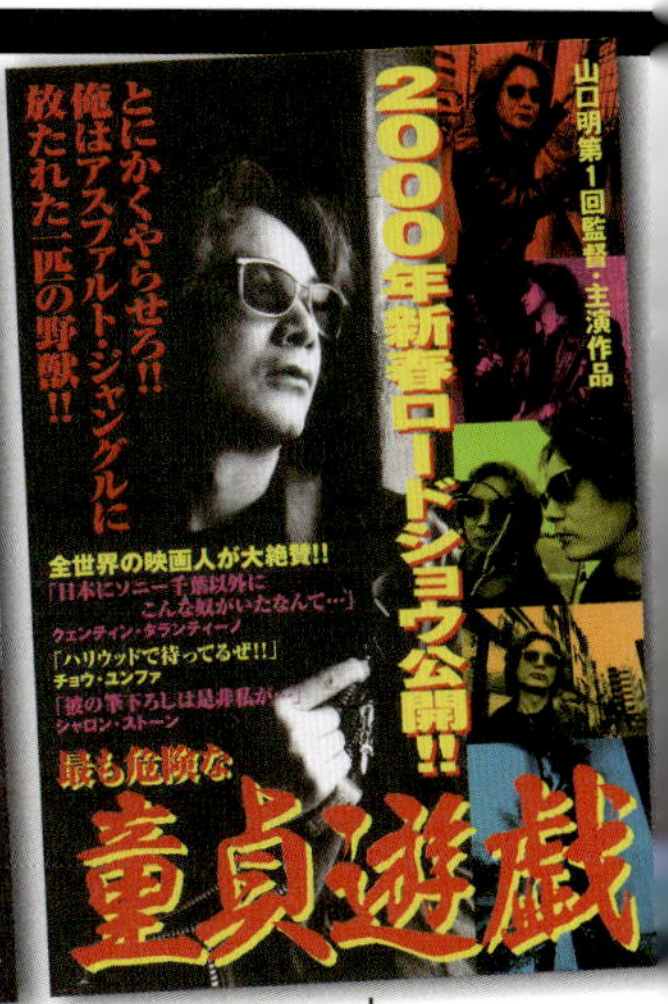

年賀状(2000)

年賀状(2003)

年賀状(2005)

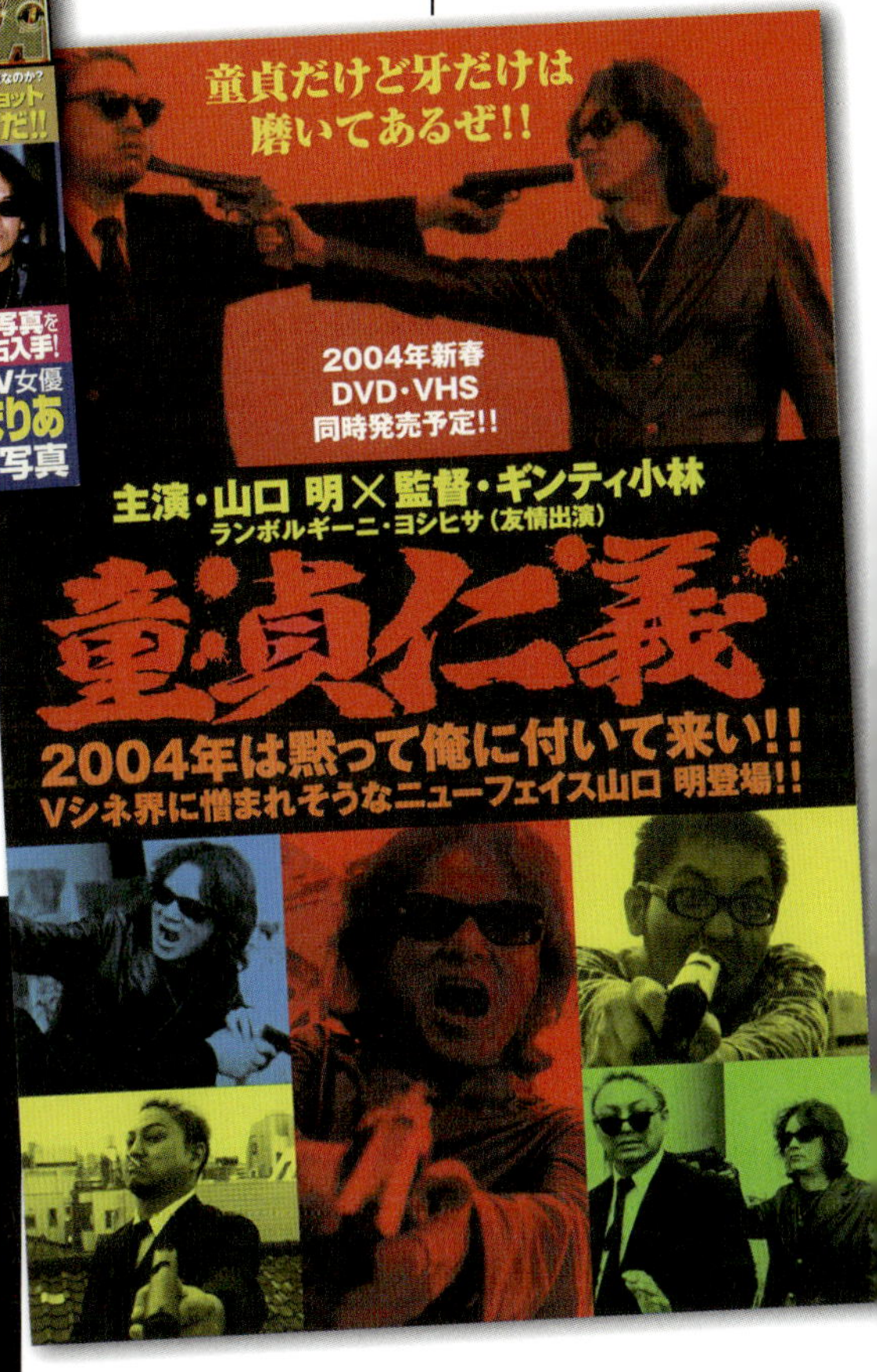

年賀状(2004)

GUCCHi COMMENTARY

最初は知り合いが撮ってくれた写真を使って、試しに作ってみたんですよ。そしたら評判が良かったんで、毎年作り出したんだよね。でも、もう作らなくなっちゃったので、不義理していてイカンですよねー。

年賀状(2006)

年賀状(2007)

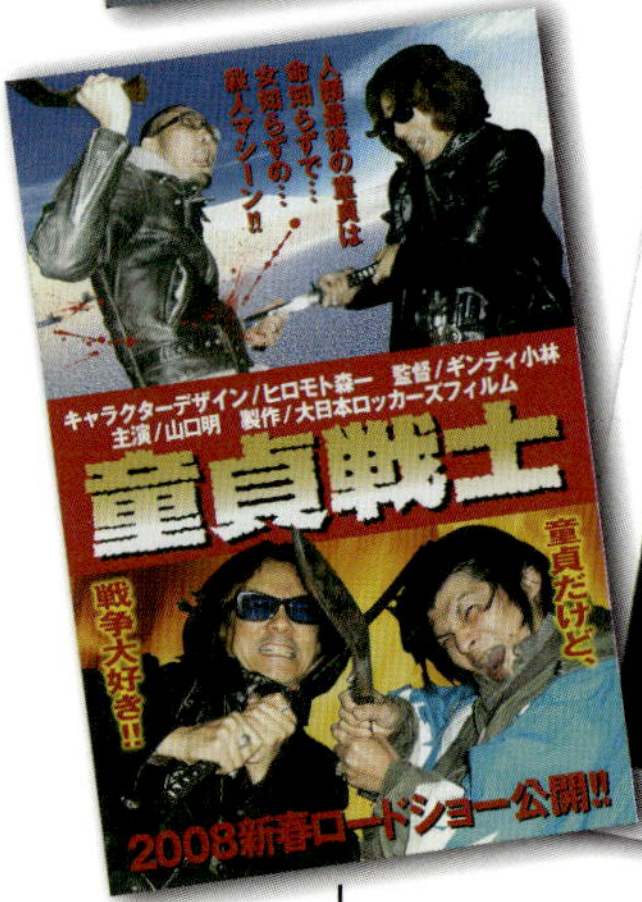

年賀状(2008)

年賀状(2010)

年賀状(2009)

この時代には、絶対的なドーテーが必要だ!
ギンティ小林 監督最新作
アキラ・ヤマグチ
リキオ・イチカワ
童貞の正義を取り戻す。
この男の裁き《ジャッジ》を見届けよ——。
ジャッジ・ドーテー
警察官であり裁判官。そして刑の執行人である、童貞の番人ジャッジ。
その童貞の頂点に立つドーテーの生き様。
www.judge-dotei.jp
2D・3D同時公開 2013.1.1 全国ロードショー

童貞を守り抜け
ヤリチンを撃て
ワイルドウテイセブン
WILD OUTEI SEVEN 7
山口明 ギンティ小林 市川力夫 小笠原格 AKIRA
森ボーイ MAKOTO 深田恭子 中井貴一
監督・脚本：山口明
2012.1.1
wildoutei7-movie.com

移転さえも許さない……
奴は狼の影!!
移転遊戯
前略
このほど巣鴨からお茶の水(小川町)に移転いたしました。
今後とも鮮やかな付き合いを夜露死苦お願いします。
2011年11月吉日
ロッカーズ　山口明
新住所
〒101-0052
東京都千代田区神田小川町

IDOL
DOUTEI
山口明完全復活!!
オリジナル・ニューアルバム
「童貞のアイドル」
2015.1.1
ON SALE
終らない…童貞伝説!!

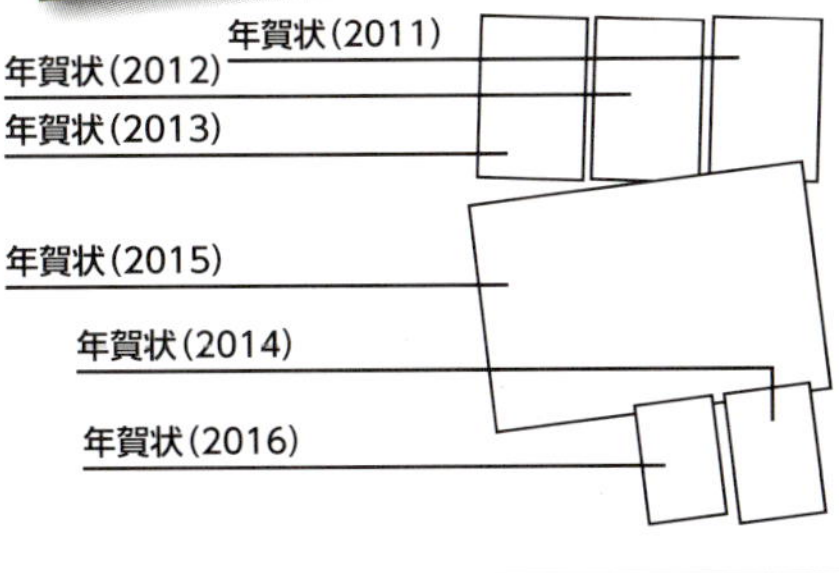
年賀状(2011)
年賀状(2012)
年賀状(2013)
年賀状(2015)
年賀状(2014)
年賀状(2016)

東スポ
カリスマ童貞引退
まさかの筆下ろし?
童貞CM 1本だけの謎
東京スポーツ
来週からは童貞杯予想合戦大特集

童貞がいる職場は好業績だった!
童貞の噂にダマされるな
SPA!!
ケータイもパソコンも持ってないのに…
フェイスブックの驚異!?
山口明のポジティブ童貞論
童貞グルメの検証

コミックス装丁デザイン

小学館、講談社、秋田書店、双葉社など大手出版社から発行されている数々のコミックスの装丁を担当。大御所作家から新人作家まで分け隔てなく、エッジの効いたデザインで読者をひきつける工夫がされている。

『THE3名様』（石原まこちん・小学館・2001）『THE3名様 和風おろしハンバーグの章』（石原まこちん・小学館・2004）『一杯いきますか !!』（石原まこちん・実業之日本社・2008）『一服いきますか !!』（石原まこちん・実業之日本社・2006）『ニートとね 自分で言うのは 違うのさ』（石原まこちん・太田出版・2006）『カワラバーン』（石原まこちん・双葉社・2004）『GENGO』（石原まこちん・扶桑社・2009）

『弘兼憲史ヒューマニズム短編集』（弘兼憲史・講談社・2012）『ナニワトモアレ』（南勝久・講談社・2000）『獣国志』（ルノアール兄弟・講談社・2004）『ラヴリー打越くん !!』（桑原真也・講談社・1999）『でぃすぱっち !!』（こばやしひよこ with 皆殺死FACTORY・講談社・1999）『杉作』（山本康人・講談社・2003）『キラキラ !』（安達哲・講談社・1999）

『イノセントブローカー』（加藤山羊・小学館・2008）『いがらしみきおモダンホラー傑作選 ガンジョリ』（いがらしみきお・小学館・2007）『今日のだいちゃん』（太陽星太郎・小学館・1998）『あんたのせいだっ』（須賀原洋行・小学館・2002）

『おもひで飲食展』（北見けんいち・小学館・1999）『大多摩月夜』（畑中純・小学館・1999）『平家落人伝説 まぼろしの旗』（竹宮恵子・小学館・1999）『ちょっとヨロシク！』（吉田聡・小学館・1997）『白鷺署被害者係スズメ』（花山洋次郎 原作／刀根夕子 作画・小学館・2001）『帝王』（倉科遼 原作／関口太郎 作画・小学館・2007）『マザー・ルーシー』（沖さやか・小学館・1998）『花園メリーゴーランド』（柏木ハルコ・小学館・2001）

『バンビーノ！』（せきやてつじ・小学館・2005）『代表取締役 近藤勇』（大石けんいち 原作／川崎のぼる 作画・小学館・1999）『鶴亀ワルツ』（里中満智子・小学館・1997）『DAWN 陽はまた昇る』（倉科遼 原作／ナカタニD. 作画・小学館・2004）『マイナス』（沖さやか・小学館・1996）『モザイク』（山口かつみ・小学館・1995）『日掛け金融地獄伝 こまねずみ常次朗』（秋月戸市 原作／吉本浩二 作画・小学館・2001）

『愛とエロスの日本近代文学史 病むほどに恋した文豪たち』（斎藤なずな・双葉社・2013）『秘命監察官ドン』（郷力也・双葉社・2005）『ナニワめし暮らし』（はたのさとし・双葉社・2015）『リーマン戦記 独身 3』（ロドリゲス井之介・双葉社・2002）『無間地獄』（新堂冬樹 原作／早川ナオヤ 作画・双葉社・2005）『学園暴挙記 凡破！』（かわさき健 原作／張慶二郎 作画・双葉社・2003）

GUCCHI COMMENTARY

オレは読者に近い目線に立ってデザインしてたんで、細かいところに気をつけましたね。表紙を普通にカバーのモノクロにしただけってのは、面白くともなんともないでしょ。まぁ、内容はほとんど読んでないんですけどね（笑）。

『東京都北区赤羽』（清野とおる・Bbmf マガジン・2009）『きまぐれな輝き』（川崎タカオ・青林工藝舎・2007）『焦燥』（石原まこちん／古泉智浩ほか・太田出版・2002）『きょうのおことば』（いがらしみきお・Bbmf マガジン・2009）『血を吸う教室』（関よしみ・河出書房新社・2001）

『極道めし』（土山しげる・双葉社・2007）

『昭和の中坊』（末田雄一郎 原作／吉本浩二 作画・双葉社・2006）

『単行本未収録作品集 妄想の花園』（楳図かずお・小学館・2001）

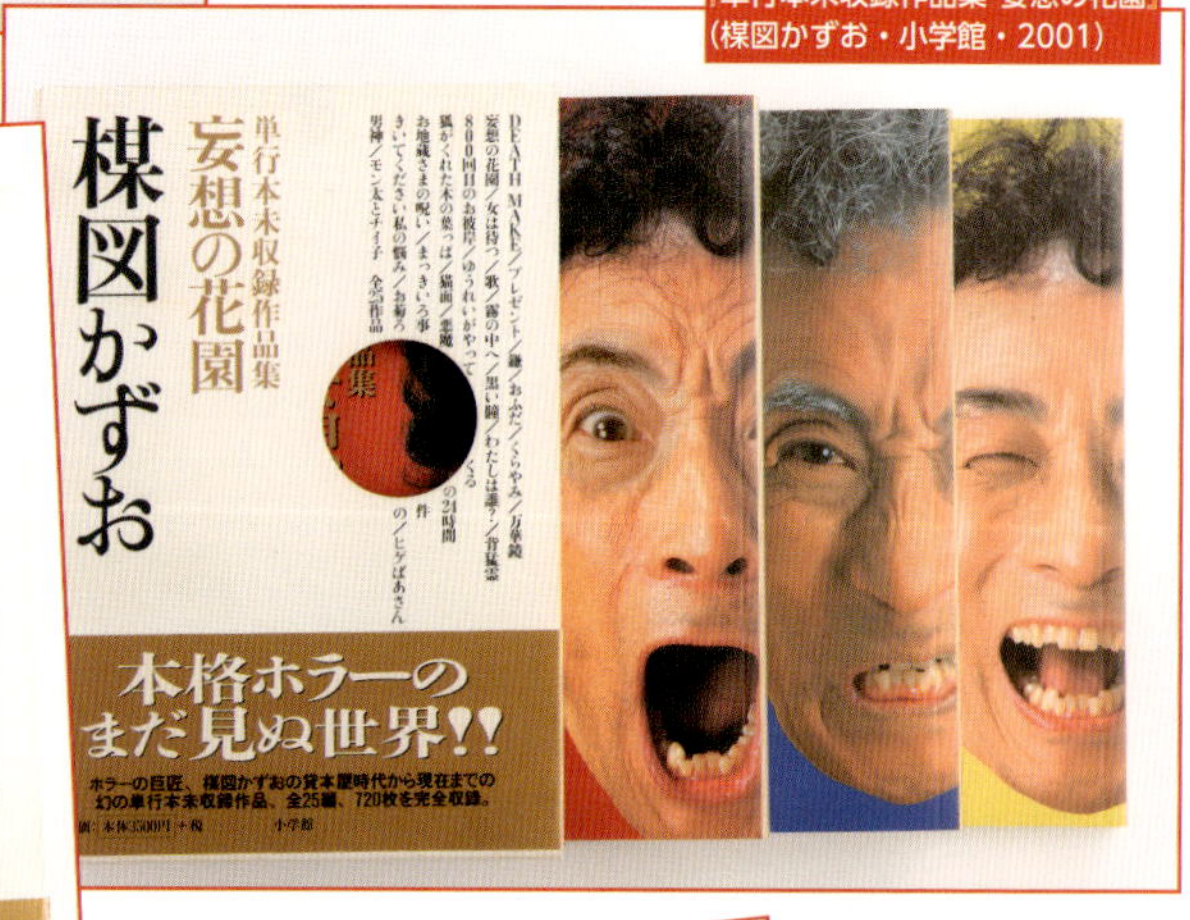

『快感トリップ凛』（みやすのんき 原作／秋口幸迅 作画・日本文芸社・2012）

『史記』（横山光輝・小学館・1998）
『吉祥寺モホ面』（土田世紀・グリーンアロー出版社・2008）
『新カラテ地獄変』（梶原一騎 原作／中城健 作画・講談社・2012）

『ウラノルマ』（坂辺周一・グリーンアロー出版社・2008）『ラララ劇場』（いましろたかし・エンターブレイン・2005）『君たちに明日はない』（垣根涼介 原作／笠原倫 作画・実業之日本社・2009）『SNOW 村上もとか叙情傑作選』（村上もとか・実業之日本社・2006）『サルハンター』（ツギ野ツギ雄・太田出版・2004）『拝啓！ロンリーマダム』（八月薫・リイド社・2009）『猫背を伸ばして』（押切蓮介・Bbmf マガジン・2009）『ぶっ★かけ』（松山せいじ・グリーンアロー出版社・2008）『無修正学級狩られ屋』（佐藤マコト・Bbmf マガジン・2009）

『キーチ VS』（新井英樹・小学館・2008）
『キーチ !!』（新井英樹・小学館・2002）
『ザ・ワールド・イズ・マイン』（新井英樹・小学館・1997）

『東西奇ッ怪紳士録』（水木しげる・小学館・1997）
『堕靡泥の星』（佐藤まさあき・アスペクト・1998）
『ハロー張りネズミ ベストセレクション』（弘兼憲史・講談社・2012）

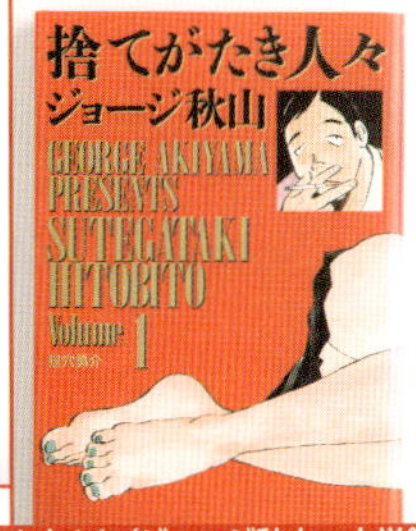

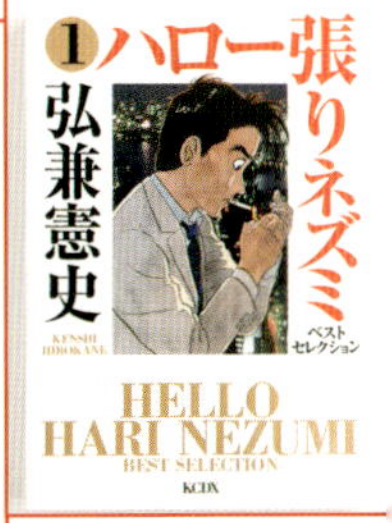

『実録昭和猟奇事件 大久保清事件』（佐藤まさあき・アスペクト・1997）
『捨てがたき人々』（ジョージ秋山・小学館・1997）

雑誌デザイン

コンビニや書店でひしめく雑誌の中、一際目を引き埋もれることがない山口明のデザイン。

『ビッグコミックビジネス』（小学館・2006）『ビッグコミック 1』（小学館・2003）『めぞん一刻』（高橋留美子・小学館・1998）『のぞき屋』（山本英夫・小学館・1998）

GUCCHI commentary

『めぞん一刻』『のぞき屋』はコンビニ本を作るための実験的な意味合いもあったんだよね。でも、いい出来でしょ？『めぞん一刻』は表紙も普通の PP 加工でなくて、スプレーで特殊な加工をしたんだよね。

『実話ナックルズ増刊 THE WORST』VOL.8（ミリオン出版・2008）『BASTARDS!』VOL.5（シンコーミュージック・2002）『BASTARDS!』VOL.7（シンコーミュージック・2002）『Men's SPIDER』VOL.1（リイド社・2008）『実話ナックルズ増刊 HIGH&OUT』VOL.1（ミリオン出版・2008）

書籍装丁デザイン

書籍もコミックスの装丁同様、ソリッドなデザインが光る。

『仁義なき戦い浪漫アルバム』（杉作Ｊ太郎／植地毅・徳間書店・1998）

『東映ピンキー・バイオレンス浪漫アルバム』（杉作Ｊ太郎／植地毅・徳間書店・1999）

『トラック野郎浪漫アルバム』（杉作Ｊ太郎／植地毅・徳間書店・2014）

『東映スピード・アクション浪漫アルバム』（杉作Ｊ太郎／植地毅・徳間書店・2015）

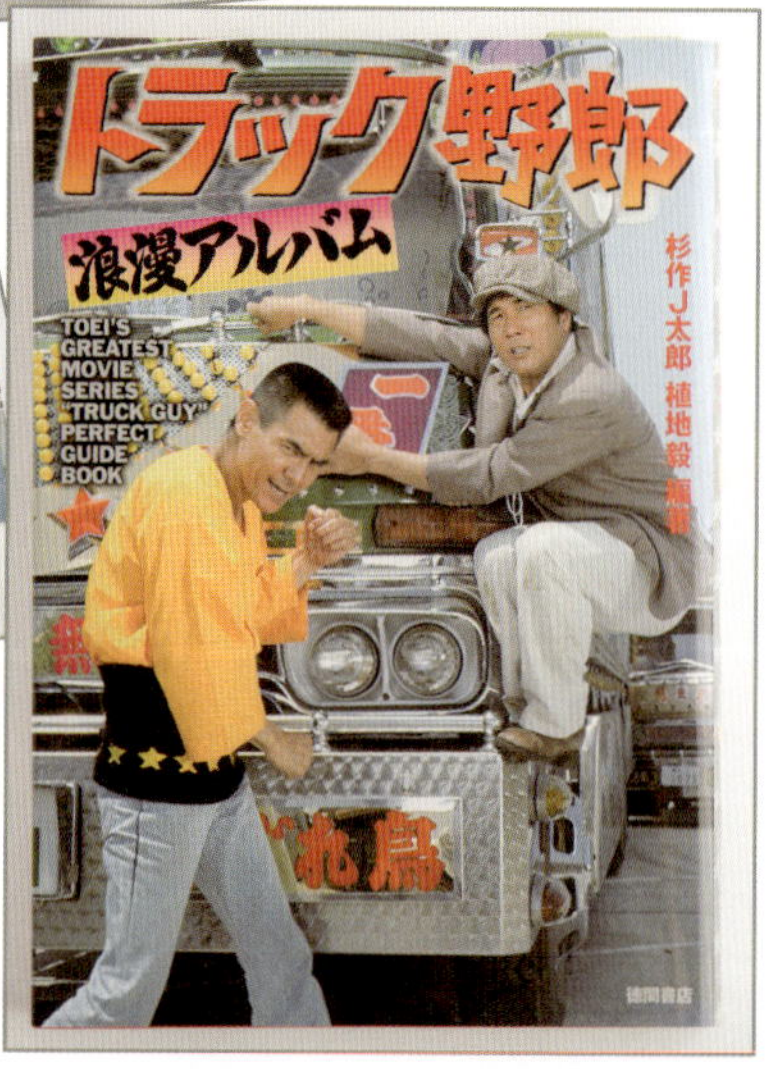

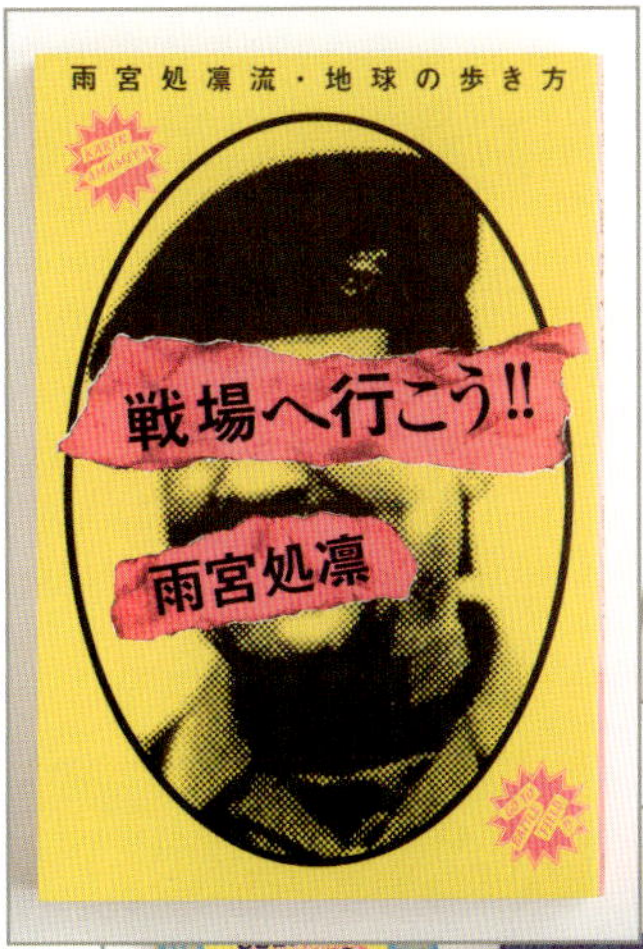

『雨宮処凛流・地球の歩き方 戦場へ行こう!!』（雨宮処凛・講談社・2004）

『フリンジ・カルチャー 周辺的オタク文化の誕生と展開』（宇田川岳夫・水声社・1998）

『フェイクドキュメンタリーの教科書 リアリティのある"嘘"を描く映画表現 その歴史と撮影テクニック』（白石晃士・誠文堂新光社・2016）

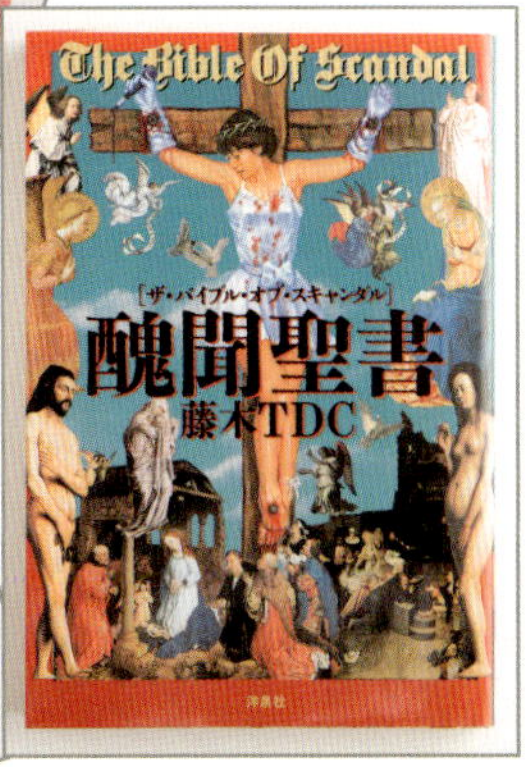

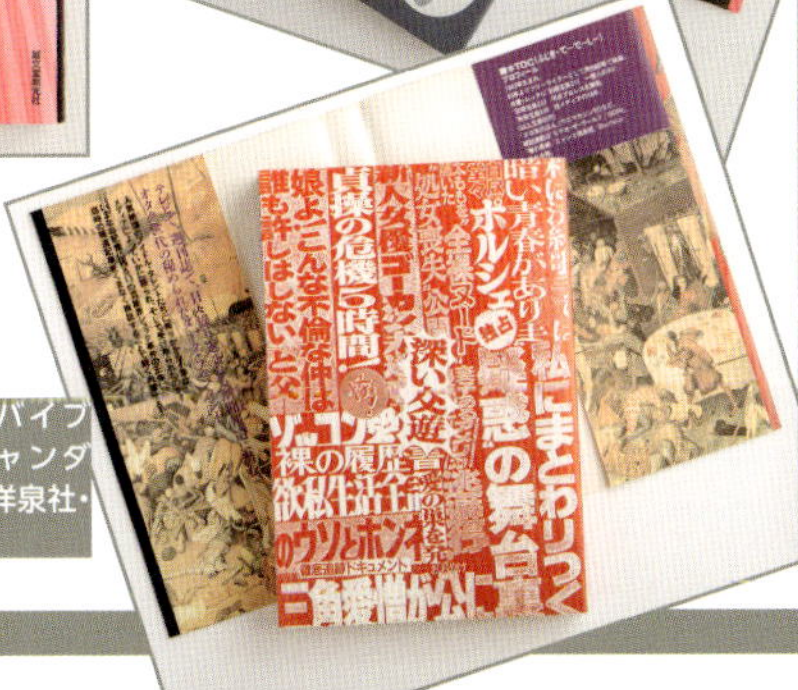

『醜聞聖書 ザ・バイブル・オブ・スキャンダル』（藤木TDC・洋泉社・1998）

GUCCHi commentary

これもコミックス装丁と同じで、カバー、カバー見返し、表紙と細かくデザインしましたねー。

『世界悪魔ファイル 悪魔大王』（目黒黒魔術博物館・21 世紀 BOX・2007）

『銀河宇宙人大百科 大宇宙人』（目黒宇宙人博物館・21 世紀 BOX・2007）

『悶絶！プロレス秘宝館』VOL.3（吉田豪ほか・シンコーミュージック・1999）

『マンガ地獄変 3 トラウマ・ヒーロー総進撃！』（植地毅／宇田川岳夫／吉田豪ほか・水声社・1998）

『マンガ地獄変 2 男魂マンガ高校』（植地毅／宇田川岳夫／吉田豪ほか・水声社・1997）

『不定形のエロス 溶解論』（遠藤徹・水声社・1997）

『マンガ地獄変』（植地毅／宇田川岳夫／吉田豪ほか・水声社・1996）

『ブルース・リーの燃えよドラゴン完全ガイド』（ロバート・クローズ・白夜書房・1996）

『ゾンビ・マニアックス ジョージ・A・ロメロとリビングデッドの世界』（徳間書店・2014）

『「フリークス」を撮った男 トッド・ブラウニング伝』（デイヴィッド・J・スカルほか・水声社・1999）

DOUTee curly T-shirts

Tシャツ

「デザイナー引退宣言」をしても惜しむ声は多く、新しい展開として山口明のデザイン力を発揮したのが自身のブランド『OLD CHERRY PUNK』だ。デザイン指示書とともに紹介し、Tシャツが完成するまでの過程を楽しんでもらいたい。

GUCCHI COMMENTARY

童貞がアパレル業界に進出だよ（笑）！

DOUTee Angel Yamaguchi T-shirts

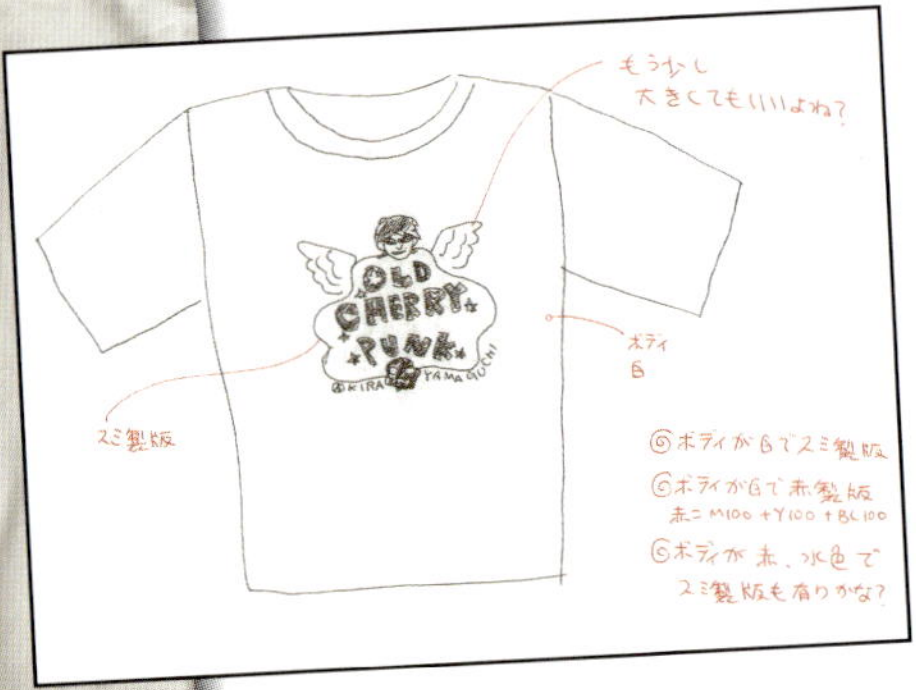

DOUTee Garter Belt T-shirts

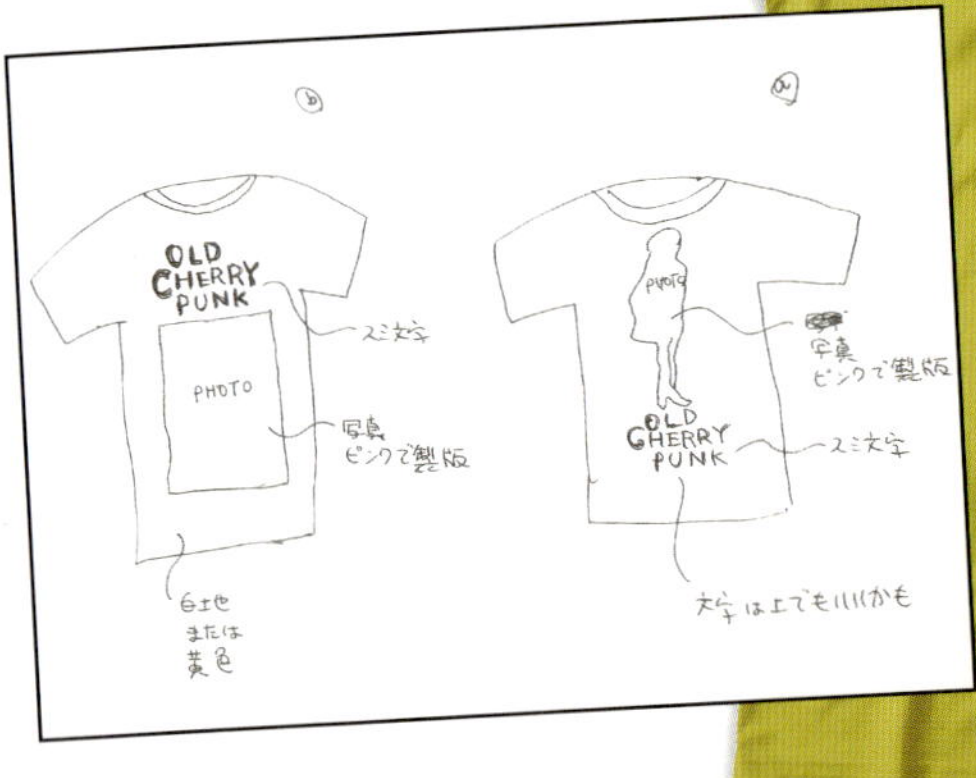

MAEGAKI まえがき

総務省統計局の国勢調査によると、２０４０年には単身世帯の割合が４割を超えるという。「ソロ社会」時代の到来、なんて言われている。さらに、昨今では「若者のセックス離れ」なんていうこともよく聞くようになった（これは現実にアンケート調査の結果だというが、とはいえ「セックスしてますか？」なんてフザケたアンケートに対し生真面目に答える暇人は多くないはずなので眉唾ものだが……）。

まぁとにかく、世はついに〈ヤらない時代〉に突入した。

そして、そんな混迷の時代のはるか先を行く男がここにいる。

男の名は山口明。現在58歳。筋金入りの童貞。人体実験か、はたまた神へ近づく修行か。恋愛経験すらもナシ。加えて、元売れっ子デザイナー。病的ともいえるおしゃべり。なのにケータイ、スマホの類は一切持たず、毎日乙女のように占いを気にし、大量のＡＶ（アダルトビデオ）に埋もれ、ファッションはいつも革ジャン、革パン、サングラス。わけが分からない。

本書では、そんな山口明という特殊な男の特殊な人生を事細かに辿り、その独特な生き方、思考を徹底的にさらけ出してもらった。なかには正気とは思えない、下品な発言の数々もある。そこは「童貞だから」と大目にみてほしい。

58年間童貞の男の言葉、それは多くの人にとって宇宙人レベル、未知との遭遇なのではないだろうか。そんな彼の言葉を、〈ヤらない時代〉をサバイブするための道標にするもよし、子育ての参考にするもよし、もちろんあざ笑うもよし……。

ヤらないことが偉いとは言わない。ただ、長年ヤらずに生きてきた男だけが辿り着いた境地がある。長年ヤらずに生きてきた男だけが言えることがある。それに耳を貸す価値は、たぶん、ある。

市川力夫

CONTENTS もくじ

第1章
幼少期～少年期

BOrN TO CherrY

今の今までそうなんだけど
自分にしか興味がない

いやぁ〜、ついにオレも自伝が出るぐらいになっちゃいましたね。オレ、空想癖があるんだけど、その一環で子供の頃からずーっと「オレの自伝が出たらなぁ」って思ってたんだよ。ナルシストだから。いやぁ〜夢叶っちゃったな〜。やっぱり〈引き寄せの法則〉っていうの？　あるんだね！

――いきなり素直に喜びを口に出しましたね！　とりあえず山口さんのこれまでの人生を、順を追って聞いていこうと思うんですけど。

でも、そんなに面白くないと思うよ。特別な人生を歩んでるわけじゃないしな。

――初っ端からそんなこと言わないでくださいよ！　これまでの58年間、完全なる童貞で歩んできた人生ってかなり特殊ですよ。

そうかな〜？　破天荒でもないし、気ぃ小さいし、優柔不断だし、後悔ばっかりだし、そのくせ自分で決められないしな……。オレは人の自伝を読むのが好きなんだけど、やっぱり狂人の自伝が面白いじゃん。

――じゅうぶん狂人枠ですよ！

ただひたすら、お墓の絵を描いてた

オレは1960年7月10日生まれなのよ。ちなみに1960年生まれってヒムロック（氷室京介）と横山剣さんね。こう言うとなんとなく世代が分かるんじゃない？

——変な人ばっかりで余計に分かりにくいです！

ちなみに7月10日っていうのは、The Birthdayのチバさんが同じだよ。なかなかロックな日に生まれてるんですよ。

——年下じゃないですか。

そんで、生まれた場所は上州新田郡。今の群馬県太田市のことね。いきなり自慢なんだけど、木枯し紋次郎[1]と同じなんだよ。

1歳ぐらい。もしもピアノが弾けたなら（山口・談）

注1 木枯し紋次郎
笹沢左保の股旅物時代小説を原作に、中村敦夫を主演に迎え、1972年1月1日より放映されたテレビドラマ「木枯し紋次郎」の主人公。決めゼリフの「あっしには関わりのないことでござんす」は、当時、流行語になった。

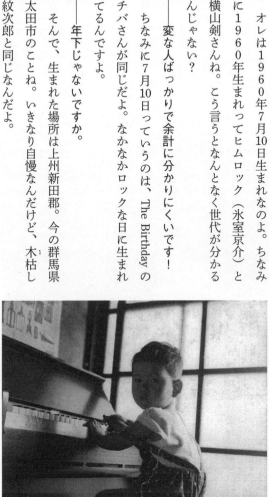

——これまたずいぶん薄い自慢ですね。

ま、お母さんが実家に帰って産んだだけなんだけどね。で、オレの親父が埼玉県の深谷ってところの人間だから、生まれてすぐそこに移って、すぐにまた埼玉の蕨ってところに引っ越して、今度は吉祥寺に引っ越すわけよ。

——いちばん古い記憶ってなんですか？

ん～……当時の吉祥寺の町だな。1964年とかの。吉祥寺って今では住みたい街ランキングの上位じゃん。全然ピンとこないな～。だってオレの知ってる吉祥寺はただの田舎の町だから。井の頭公園の池に鯉がいて、よくポップコーンをあげてたのを覚えてるな。あとその頃に叔母さんが買ってくれたコーラを生まれて初めて飲んだんだけど、不味くて飲めなかったのを

1964年頃の吉祥寺は、こんなに草ボウボウなクソ田舎!! 今や住みたい街の上位って信じられない（山口・談）

藤沢に住んでいた湘南BOYな6歳の頃（山口・談）

覚えてるよ。

——お家は裕福だったんですか？

全然裕福じゃないよ。親父は国鉄、今のＪＲの社員だったから社宅に住んでたんだよ。両親と、2歳離れの弟と、6畳一間に4人で住んでたんだから。で、その後、藤沢に引っ越すんだよ。

——ジプシーみたいに転々としてますね。山口さんはどんな子どもだったんですか？

別にその辺にいる普通の子どもだよ。体がちっちゃかったのと、絵を描くのが好きだったな。親父が会社でたくさん手帳をもらってきて、それにひたすら絵を描いてたんだよね。で、すべての手帳のページにお墓の絵を描いてたよ。

——全然普通の子供じゃないです。不気味ですよ！

後で親から聞いたんだけど、その頃に親戚だとか周りの人の葬式が多かったんだって。で、お墓ばっかり行ってたからずーっとお墓の絵を描いてたらしいよ。手帳全部のページにお墓を描くって、今考えたらアートっぽいよな。

——そうですね。アウトサイダーアート[2]のほうですけど。

小学校の入学式。この三ツボタンのスーツもお母さんの手製（山口・談）

注2　アウトサイダーアート
元々は美術教育を受けていない人が制作し、アート作品として扱われているものを指す言葉であった。現在では、社会の外側に取り残された者の作品として、精神障害、プリミティブ・アート、民族芸術、心霊術者の作品も含まれるようになった。

ちょっと変わってたのかな……。その頃は「月光仮面」[3]とか「忍者部隊月光」[4]、「エイトマン」[5]とかが好きだったな。今ではモンドな感じね。で、当時の写真を見ると子どもなのにサングラスしてるんだよ。それは月光仮面が好きだったからなんだけど、いまだにサングラスしてるのはやっぱり月光仮面の影響かもしれないね。

――漫画とかも好きだったんですか？

ウチの親はバカだったのか「漫画も一応本だから勉強になる」みたいな考えなんだよ。だから『サンデー』『マガジン』『キング』[6]を買ってもらってたんだよ。

――贅沢ですね！

でも、子どもすぎて全然読めなくてさ。ただなんとなく絵を見てるって感じだったな。そんな家だから、近所のちょっと年上のお兄さんがウチにある大量の漫画を読みにきてたよ。あと、怪獣映画とかに熱狂してたな。ちなみに最初に観た怪獣映画が『サンダ対ガイラ』[7]ね。みんな「怖い怖い」って言ってたけどオレは感動したな～。親に頼んでソノシート[8]も買ってもらった

４歳ぐらいかな？　従姉のひとみちゃんと。グラサンとスカーフは月光仮面の影響。早すぎたルーディーな２トーン・ファッションは、お母さんの手製（山口・談）

注3　「月光仮面」
川内康範が原作を担当した、日本のヒーロー番組の元祖。放送当時、日本中の子供たちを虜にし、平均視聴率は40％、最高視聴率は67・8％を記録した。

注4　「忍者部隊月光」
タツノコプロの吉田竜夫が１９６３年から『週刊少年キング』で連載していた『少年忍者部隊月光』を原作としたドラマ。１９６４年から放送され、「拳銃は最後の武器だ」の名台詞と共に大ヒットした。

注5　「エイトマン」
１９６３年から『週刊少年マガジン』に連載された、平井和正と桑田次郎によるＳＦコミックス。同年にはテレビアニメ化され、タバコ型の強化剤を吸うシーンは当時の子供たちの記憶に強い印象を与えた。

注6　「キング」
１９６３年に創刊した『週刊少年キング』のこと。『サイクル野郎』『怪物くん』『ワイルド７』『銀河鉄道９９９』『超

よ。その後、小学校の1年生の時に松戸に引っ越して、それからは今の今まで松戸にずっと。1968年の1月だね。

――小学校1年生で引っ越すのって、かなり哀しい出来事なんじゃないですか？

そうそう、「引っ越ししたくない！」って親に泣いて言ったのを覚えてるよ。で、松戸に行くんだけど、これもまた国鉄の社宅みたいな団地なんだよ。で、60年代の団地って中流家庭が憧れるいちばんイケてるライフスタイルなのよ。周りの友だちに羨ましがられたよ。今のタワーマンションに住んでるぐらいのインパクトだったんじゃない？

――タワマンは中流どころじゃないですよ！

でも、当時は鉄筋の建物なんてそんなにない時代じゃん。マンションなんてなかったからね。で、松戸なんだけど、その前に住んでた藤沢に比べると街が汚くてビックリしたな〜。スマートボール[9]屋とかあって、「ガラ悪ぃな」って思ったのを覚えてるよ。その前まで住んでた藤沢の小学校のみんなは育ちがよかったんだよ。6年生になっても半ズボンに学校指定の黄色い帽子被ってたからね。でも、松戸に来たら全然違くてさ。下手したら1年生ぐらいで長髪の奴もいるし、高学年はほとんどランドセルなんて背負ってなかったな。

人ロック』など多数の大ヒット作を世に送り出した。

注7 『サンダ対ガイラ』
正式タイトルは『フランケンシュタインの怪獣 サンダ対ガイラ』。1966年に公開された日米合作の特撮映画。細胞分裂によって分身した2体のフランケンシュタインの争いを描き、ガイラのそのルックスと共に食人シーンのショッキングさで子どもたちを恐怖のどん底に陥れた。

注8 ソノシート
通常のレコードよりも薄く、安価で販売されていた。当時、子ども向け番組の主題歌とミニドラマが収録されたソノシートが大量に販売されていた。

注9 スマートボール
大きめの球を台の穴に入れて遊ぶゲーム機。現在でも浅草や新世界など一部地域で専門店が残っており、祭りの縁日でも見ることができる。

とにかくカッコから入るんだよ

オレ、小学校1年生の3学期に溶連菌感染症って病気になってさ。その頃はまだ治らない病気みたいなかんじで、親も「もしかしたら死んじゃうかも」って思ったらしいよ。だからその時期はほとんど学校行ってないんだよ。今思えばそこから学校の勉強にまったくついていけなくなったんだよな。

——ドロップアウトのキッカケってことですか？

そんなにカッコいいもんじゃないけど、完全に勉強しなくなったね。テストもテキトーな答えを書いて、あとは答案用紙の裏に落書きしてたり。テストが返ってきても家に持って帰らず机の中に入れっぱなしにしてたら、先生に見つかっちゃってスッゲー怒られたり……。今もだけど当時から〈努力〉がとにかく大っ嫌いでさ。頑張ったってしょうがないってことを悟ってたんだよな。まぁ、それでもやろうと思えばなんとなくできちゃうっていうところが天才的なところっていうかさ。

——ものすごい滑らかに自画自賛を繰り広げましたね！

たぶん、セックスも相当うまいと思うよ。

――手先の器用さってそこまで関係あるのかな……。

あるでしょ〜！　知らないけど。きっと床上手。いや、さらにその上の床番長だな。

――聞いたことないですよ（笑）。なにか熱中してたものってあるんですか？

やっぱり絵を描くことは好きで、習いに行ってたのよ。近所の絵画教室なんだけど、小学校の4年ぐらいには油絵描いてたからね。

――早熟！　普通小学生ぐらいだと水彩とかクレヨンですよね。

そうなんだよ。でもイカンのがすぐに飽きちゃってほとんど行かなくなるんだけどね。運動もダメ、勉強もダメ、体も弱い……そうなると普通の生き方は無理だからオルタナティヴな方向に行かないとイカンぞっていうことが子供心に分かってたんだよね。

――異常に漫画を描くのがうまい子とか、クラスにひとりぐらいいますもんね。

そんな感じだよ。だから将来は漫画家もいいかなって思ったことはあったよ。でも問題があって、漫画があんまり好きじゃなかったんだよな。読むのがメンドくせぇから。望月三起也先生[10]の『ワイルド7』[11]とかモンキー・パンチ先生[12]の漫画は好きだったけどね。

――小学生の頃は好きな女の子はいなかったんですか？

全然興味なかったな〜。近所の女の子とも遊んだりはしてたけど……ないな。

――「運動ダメ」って言ってましたけど、小学生ぐらいの時ってどうしても「野球やろうぜ！」

注10　**望月三起也**
独特のコマ割と大胆な構図で、洒脱で迫力のあるアクション作品を多数描いた漫画家。代表作に『ワイルド7』『ケネディ騎士団』『秘密探偵JA』など多数。2016年没。

注11　**『ワイルド7』**
1969年から『週刊少年キング』で連載が開始され、法では裁けぬ悪党を裁判にかけずに殺すことを許されたアウトロー警察官たちの活躍を描いた超絶アクション巨編。

注12　**モンキー・パンチ**
アメコミテイストを取り入れた作風と、国民的ヒット作品『ルパン三世』で知られる漫画家。オーディオ・ヴィジュアルマニアとしても知られている。

みたいな流れになるじゃないですか。そうなったらどうしてたんですか？

大嫌いだけど無理矢理やってたよ。でも、今もそうなんだけど、とにかくカッコから入るんだよ。野球のユニフォームなんて誰も着てないのに、オレだけ完璧に揃えて全身キメッキメだったな（笑）。

――野球嫌いなのに！　普段着もこだわりとかあったんですか？

あったよ。その頃、おまわりさんの制服が欲しくてしょうがなくてさ。母ちゃんに頼んで作ってもらったのを覚えてるよ。

――制服とかに憧れた感じは分からなくもないけど、実際に着てたっていう話は初めて聞きましたよ……。あと、お母さんがものすごい器用すぎませんか？

群馬のほうの洋裁学校に行ってた人だったからね。子供の頃もだけど、大人になっても服を作ってもらったことあるよ。作ってもらったベストに、テンガロンハット[13]みたいなのを被ってた時期もあったな。

――カウボーイじゃないですか（笑）。その格好で学校へ行ってたんですか？

行ってたね。あと、「木枯し紋次郎」がヒットして、三日月村っていう観光地が群馬にできたのよ。そこも連れてってもらって、三度笠と道中合羽も買ってもらったよ（笑）。さすがに着た状態で外を出歩けなかったけどね。あと、「コンバット！」[14]とか戦争ドラマや映画も大好きだったから制服や軍服とかも異常に好きで、子供なのにミリタリージャケットみたいなのを

注13　**テンガロンハット**
カウボーイハットの一種。

注14　**「コンバット！」**
第２次世界大戦末期を描き、日本でも１９６２年から放送され大ヒットしたアメリカのヒューマンドラマ。

着てたりしてたね。オリーブガール[15]みたいなもんよ。

――全身オリーブ色なだけじゃないですか！　洋服へのこだわりってなにかキッカケがあったんですか？

分かんないな。両親もオシャレとかではないし……。そういえば、オレが小学校ぐらいの時って、まだGジャンなんて誰も着ていなかったんだよ。ましてや子供用のGジャンなんて売ってなくて。で、親戚の洋品店屋に頼んで、問屋で買ってきてもらってさ。すぐに学校に着て行ったらちょっとした騒ぎになったのを覚えてるよ。

――松戸でGジャン旋風を巻き起こしたんですか？

そうそう。すぐにみんな真似してさ。小学校の時はちょっとしたファッションリーダーだったのよ。

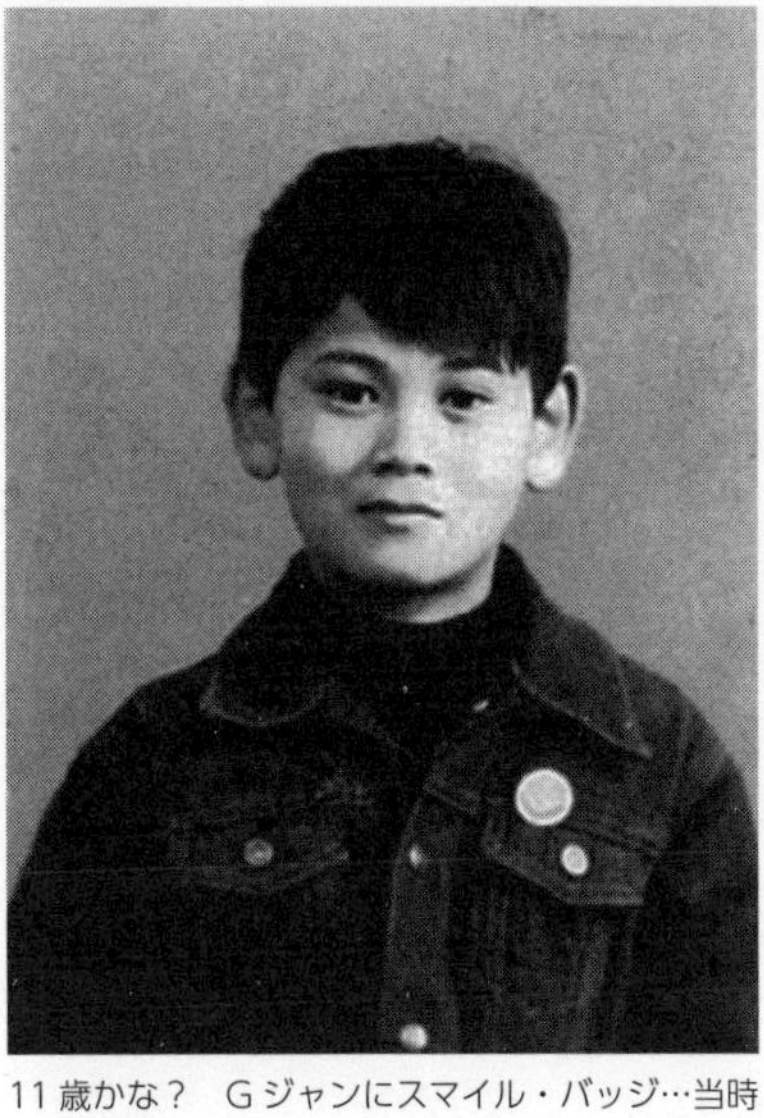
11歳かな？　Gジャンにスマイル・バッジ…当時は最先端ファッション（山口・談）

注15　オリーブガール
マガジンハウスよりかつて発行されていた、文化系女子向けファッション誌『Olive』の女性読者を指す。

憧れはヒトラー

――山口さんといえばロック好きとして有名ですけど、小学生の頃って音楽は好きでした？

小学1年生ぐらいの時からグループ・サウンズは大好きだったのよ。原体験っていうかね。あと、当時モンキーズ[16]のテレビショー（「ザ・モンキーズ・ショー」）をやってて大好きだったな～。日本のテレビ番組とは雰囲気違うじゃん。だから初めて買ってもらった洋楽のレコードって、モンキーズなんだよね。でも、そこからロックが好きになったわけじゃなくて、小学生の頃はとにかく高倉健と鶴田浩二[17]のレコードばかり買ってもらってたよ。

――映画が好きだったんですか？

いや、とくに映画が好きなわけじゃないし、オレもなんでか分からないけど、親も心配してたよ。鶴田浩二の「傷だらけの人生[18]」って曲とかさ、元祖ギャングスタラップでしょ。

――台詞が多いだけですよ！

その頃って下敷きにアイドルの写真を入れるのが流行ってたんだよ。みんなは天地真理[19]とか南沙織[20]なんだけど、オレだけ「傷だらけの人生」の時の鶴田浩二だったんだよな。ゲイ的セン

注16　モンキーズ
「デイドリーム・ビリーバー」などのヒット曲を持つアメリカのポップロックバンド。

注17　鶴田浩二
「人生劇場シリーズ」「博徒シリーズ」など多数の代表作を持つ、昭和を代表する映画スター。

注18　「傷だらけの人生」
厳しいヤクザ渡世で生きる男の哀愁を歌い大ヒットした鶴田浩二の代表曲。

注19　天地真理
1971年、ドラマ「時間ですよ」に出演し、「隣のマリちゃん」のニックネームで国民的アイドルに。翌年には「水色の恋」で歌手デビュー。

注20　南沙織
1971年、「17才」で歌手デビュー。天地真理、小柳ルミ子と共に「三人娘」と呼ばれた。1979年、カメラマンの篠山紀信と結婚。

スっつーかね。で、同じ頃からミリタリー的なものが好きになっていくんだけど、そこと鶴田浩二好きが通じるのが、体が弱かったから強い者への憧れがあったんじゃないかな。

——そこで身体を鍛えるか文化面に行くかでその後の人生の方向性が変わっていきますよね。

そうかもね。で、オレは小学校の高学年ぐらいから急にプラモデルにハマりだすんだよ。タミヤ[21]の1／35シリーズっていうのがあって、ドイツ軍が大好きだったから戦車とか戦闘機とかよく作ったな〜。

——なんでドイツ軍が好きだったんですか？

オレがそのぐらいの時期に憧れたのはヒトラーなんだよ。

——超アウト！　でも、当時ならしょうがないですよね。

子供の頃は独裁者を夢見てたなぁ。気に食わない奴は全員ぶっ殺して自分だけの帝国を築きたいって思ってたから。

——じゃあ、「ナチス最高！」と思いながらドイツ軍兵器のプラモを組み立ててたんですか？

そうそう。小学6年生の夏休みに、なんでもいいからひとつ研究してこいって自由研究の課題があって、オレはナチ研究をしたのよ。そしたらウチの親が心配してさ。親戚に学校の先生やってた人がいたんだけど、その人に相談してたよ（笑）。

——でも、ヒトラーって特撮や映画では悪役じゃないですか。

いや、「カッコいい」っていう印象しかなかったな。制服とかもカッコいいじゃん。

注21　タミヤ
高いクオリティのミリタリーモデルで知られる、日本を代表する模型メーカー。

――まぁナチはそういう方針ですもんね。

あと、ヒトラーって元々絵描きでしょ。絵を描くのが好きだったから、シンパシー感じちゃってたよ。でも、ちょっと脱線するけど、絵の描ける政治家って魅力的なんだよ。ヒトラーとチャーチルって絵が描けるじゃん。日本の政治家には美術的センスがなさすぎるでしょ。だからダメなんだよ。やっぱね、美術的センスは大事だよ。

突飛な夢を言わない

オレ、松戸のおもちゃ屋のコンテストにもメッサーシュミットを作って応募して、小学生の部で優勝したこともあるよ。

――ほんとに手先は器用だったんですね。

そのおもちゃ屋のおっさんとも仲が良くて、毎日のように入り浸ってたし、オレが作ったプラモをウィンドウに飾ってくれてたしね。それに静岡のタミヤ模型まで連れてってもらったこともあったな。あと、今もあるらしいんだけど松戸の迷彩会[22]っていう大人のモデラー団体にオレも入ってたね。

おもちゃ屋のコンテストで優勝した時のトロフィー

注22　**迷彩会**
松戸のプラモデルの愛好会。

——ガチのモデラーじゃないですか。

今よりも娯楽が少ないから、プラモデルを作ってるやつはけっこういたのよ。でも、オレほどのめり込んで作ってる奴も珍しかったんじゃねーかな〜。ドイツ軍って吸着地雷を引っ付かなくするために、戦車にセメントコーティングとかしてるんだけど、そういうのもちゃんと再現しないと気が済まなくなって。だからその時期の愛読書は『月刊ホビージャパン』[23]よ。その頃は今でいうミリタリーオタクだったから、映画も『ベルリン大攻防戦』[24]とかロシアの『ヨーロッパの解放』[25]とかも大興奮して観てたな〜。今なら絶対観ねぇけど。そんで、ドイツ兵のイラストばっかり描いてたよ。

——相変わらず絵を描くのは好きだったんですね。小学校の時の将来の夢ってなんでした？

プロモデラーよ。あとはプラモデルの箱絵を描く仕事だよね。

——ちょっと変わった夢ですよね。小学生にしては現実味があるっていうか。

一度、「将来の夢は漫画家かグループ・サウンズ」って言ったらバカにされて、それ以来、突飛な夢を言わなくなったんだよね。学校の先生にも、「もうちょっと理想は高くもったほうがいいよ」とか言われたもん。あと、周りの奴らより現実をしっかり見据えてたかもね。ウチには美大へ行く経済力がないのも分かってたし、オレ自身も頭が悪いし、デッサン力もないのが分かってたから漫画家とかは無理だって悟ってたんだよな。

——それでも絵を描くのは続けてたんですね。

注23　『月刊ホビージャパン』
1969年に創刊したホビー雑誌。1980年まではミリタリープラモデルを多く取り上げていた。

注24　『ベルリン大攻防戦』
第二次世界大戦末期のソ連軍とドイツ軍の戦闘を全5部作で描いたソ連の大祖国戦争映画『ヨーロッパの解放』の第4部と第5部がまとめて日本で上映された時のタイトル。

注25　『ヨーロッパの解放』
1970年公開作品。独ソ戦を描いたソ連の戦争映画の1部と2部をまとめて日本で上映した時のタイトル。

そうだね。中学生になった時、ちょうど近所の画家の人が絵画教室を始めたからそこに入ったよ。結局高校卒業するまでずっと通ってたな。

――エロに興味が出始めたのっていつぐらいですか？

まだまだそんなに……あ、でもうちの親父は下品だったから、『週刊大衆』が茶の間にポンと置いてあるのよ。それをオレも普通にパラパラ読んでたんだよな。

――じゃあ隠れてこっそりエッチなテレビ番組を観たりとかは？

ウチは下品なテレビ番組も、普通にみんなで観てた感じなんだよ。「お荷物小荷物」[26]っていう今じゃかなり問題のあるドラマを当時やっててさ。それも家族で観てたんだから。

――すごいな……。普通気まずくなったりしますよ！

「お荷物小荷物」で強烈に覚えてるのが、その家のお父さんが戦争中に相手してもらった慰安婦の人が訪ねてくるっていうエピソードがあるんだよ。で、オレは親に「慰安婦ってなに？」って聞いたから。

――そこまでオープンな家庭だと、逆にエロに対してタブー感がなくなって興味が湧かなくなるってことはあるかもしれないですね。

そうそう。親が厳しいと一生懸命隠れてでも観ようとするかもしれないけどね。

注26 「お荷物小荷物」
1970年に放送され、シュールなブラックユーモアをちりばめたテレビ番組。アバンギャルドな作風と、沖縄の基地問題、アイヌ問題、天皇制などを題材にした社会派作品として人気を博した。

なんでもかんでもゴッホのタッチ

——中学生になってからは何か変化がありました？

とくにねぇな〜。勉強も運動も相変わらずダメで、背もちっちゃくて137センチしかなかったのよ。そんな小さい制服がなくてさ、いちばん小さい制服を直してもらって着てたよ。いつも背の順はいちばん前だったね。趣味はプラモデルとかも飽きてきちゃって、ラジオで洋楽を聴くようになっていったな。日曜の朝に「ポップスベスト10」[27]っていう洋楽ランキング番組をやってたのよ。それから当時は毎日のように洋画がテレビ放映されてたから、マカロニ・ウエスタンとかフランスのギャング映画ばっかり観ててさ。映画館にも通い出して、愛読書も『ホビージャパン』から『ロー[28]

15歳、中学生の頃（山口・談）

注27　「ポップスベスト10」
日曜朝にニッポン放送で放送されていたランキング番組。

注28　「ロードショー」
集英社が1972年に創刊した映画雑誌。外国人スターのグラビアが売りであった。

ドショー』に変わって、完全に映画にのめり込んでいくんだよ。それでマカロニ・ウエスタンのサントラレコードを買うんだけど、親からは「なんで同じものばっかり買ってるんだ？」って言われたよ（笑）。

──興味ない人からすると、ジャケから音まですべて同じですもんね。女の子への関心はあったんですか？

なかったなぁ。むしろ将来のこととかで頭がいっぱいだったよ。基本的に今の今までそうなんだけど、自分にしか興味ないからね。あの頃の中学生なんて今よりもっと幼いだろうし、周りのみんなもそこまで恋愛に興味なんてなかったんじゃねーか？

──好きなアイドルとかもいなかったんですか？

ないな〜。オレが中学の時のアイドルって桜田淳子[29]や山口百恵[30]よ？　好きになるか？

──なってもおかしくないですよ。じゃあ映画だったり、『ロードショー』のグラビアで海外女優を好きになったりはしたんですか？

それはあったね。ナタリー・ドロン[31]が好きだったなぁ。

──『個人教授』[32]じゃないですか。やっぱり大人っぽい女の人が好きだったんですか？

そうだな〜。熟女マニアの片鱗があるね。あと通ってた絵画教室にちょっと年が上のお兄さんがいてさ、その人にいろいろ教わったりしてたから、同級生と比べると文化面は進んでたのかもしれないな。頭脳警察[33]のアルバムを借りたりね。

注29　桜田淳子
当時の人気オーディション番組「スター誕生！」で最優秀賞を受賞し、1973年に「天使も夢みる」でデビュー。1992年、統一教会の合同結婚式に参加して大きな話題となった。

注30　山口百恵
「スター誕生！」で準優勝を受賞し、1973年に映画『としごろ』に出演。同名の曲で歌手としてもデビューした。森昌子・桜田淳子と共に花の中三トリオと称され、日本を代表するスターとなるが、1980年に三浦友和と結婚し、芸能界から完全引退した。

注31　ナタリー・ドロン
1968年に公開されたフランス映画『個人教授』で、日本の青少年を虜にした魔性の女優。

注32　『個人教授』
高校生の少年が、年上の女性に恋をする青春ラブロマンス

──兄貴がいる奴とかそうですもんね。ちなみに絵画教室ではどんな絵を描いてたんですか？

オレが最初にハマった画家がゴッホ[34]だったんだよ。絵画教室にたくさん画集があって、いろいろ観てたらいちばんピンときたのがゴッホで。それですぐに画集買ってさ、ゴッホの真似ばっかしてたよ。

──すごい中学生……。

なんでもかんでもゴッホのタッチで描いてたよ。松戸のちょっとした風景画を描く時もゴッホのタッチ。

──逆に難しそうですよ、それ（笑）。

絵画教室の先生の奥さんに「山口くんの描く松戸の絵はアルルの風景[35]みたいだね」って言われて、それ褒められてるのか分かんねーよな（笑）。そういえば昔、講談社のフェーマス・スクールズ[36]ってあったじゃん。

──なんですかそれ。

講談社の雑誌にハガキがあってさ、応募するとイラストとか受講できる通信講座なんだけど、そこにボブ・ディラン[37]のイラストを描いて送ったら「受講しろ」って電話がきて大騒ぎだったよ。さすがにゴッホのタッチじゃなかったけど。

──ボブ・ディランは好きだったんですか？

中学生の時のオレの部屋ってマカロニ・ウエスタンのポスターだらけだったのよ。イースト[38]

映画の名作。

注33　頭脳警察
三里塚闘争が行われていた三里塚で開催された『日本幻野祭』に出演するなど、政治的な歌詞や主張とラディカルなステージで日本のロックシーンにその名を刻む、PANTAとTOSHIの2名から成るロックバンド。1972年に三億円犯人のモンタージュ写真をジャケットにした名盤『頭脳警察』でレコードデビューした。

注34　ゴッホ
オランダの印象派の画家。代表作「ひまわり」は特に有名。

注35　アルルの風景
1888年、パリを離れたゴッホがたどり着いたのがフランス南部の街アルル。滞在中に「アイリスの咲くアルル風景」などを制作した。

注36　フェーマス・スクールズ
1968年創業。芸術関係の通信教育事業を行う、講談社のグループ会社のひとつ。

ウッドとかフランコ・ネロ[39]とかジュリアーノ・ジェンマ[40]とか。で、友だちの家に行ったらさ、『ビリー・ザ・キッド／21才の生涯』[41]のボブ・ディランのポスターが貼ってあって、「誰これ？」って聞いたら「ボブ・ディランだよ」って教えてくれてさ。頼み込んでそのポスターをもらったんだよね。フォークなんてまったく興味なかったけど見た目だけでボブ・ディランが好きになったんだよ。当時『GORO』[42]って雑誌でボブ・ディラン特集をやってて、写真がカッコいいから買ったな〜。当時のリアルタイムのボブ・ディランはちょうど『欲望』[43]ってアルバムが出たぐらいの時期なんだけど、あのジャケットの格好もカッコいいじゃん。

――マカロニ・ウエスタン感のある格好してますもんね。じゃあ、レコードは聴かなかったんですか？

いや、その後に音楽もちゃんと聴いてたな。ボブ・ディランの歌詞って難解っていうか、どこかシュールじゃん。バカだからそういうのに憧れるんだよな（笑）。

大事なのは「カッコよさ」だけ

――興味の対象が音楽と映画と美術と完全に文化系ですけど、やっぱりその中でもいちばんは

注37　ボブ・ディラン
60年代から活動を続け、歴史的プロテスト・ソング「風に吹かれて」など世界的大ヒット作を多数持つアメリカのミュージシャン。2016年にはノーベル文学賞を受賞した。

注38　イーストウッド
アメリカの映画俳優・監督、クリント・イーストウッドのこと。数多くの西部劇やアクション映画に出演し、『荒野の用心棒』『夕陽のガンマン』『ダーティハリー』シリーズなど代表作多数。

注39　フランコ・ネロ
西部劇では伝説的キャラクター、ジャンゴを演じたことで知られるイタリアの俳優。

注40　ジュリアーノ・ジェンマ
マカロニ・ウエスタンに立て続けに主演し、世界的スターとなったイタリアの俳優。1980年代前半には、スズキからジェンマの名前が由来のスクーターが発売された。

絵を描くことだったんですか？

　そうかもね。学校では美術部だったんだけど、文化祭の日に展示するためにみんなは日本画を描くんだよ。だいたいが風景とか花とかを描くんだけど、オレだけ『夕陽のガンマン』[44]のイーストウッドを描いてたな（笑）。

――順調にハミ出してますね！　顧問の先生はどんな反応なんですか？

　いや、それが「これは新しいぞ！」とか言って感動しちゃっててさ（笑）。いちばんいい絵を額に入れて飾ることになっててオレの絵が選ばれそうだったんだけど、部長が「いやいやこれは……」みたいに反対しやがったんだよな。

――でもそれだけ絵を描けると同級生とかに、「漫画描いてくれよ」とか頼まれたりしなかったですか？

　あったかな～。中学生ぐらいになって、だんだん「漫画家ってカッコ悪いな」って思えてきたんだよ。

――なんでですか？

　だって手塚治虫ってカッコ悪いじゃん。

――見た目ですか？

　そうだよ。横尾忠則のほうが只者じゃない感じがあったし、オレはそっちだなって。

――とにかく「カッコよさ」に惹かれてますよね。

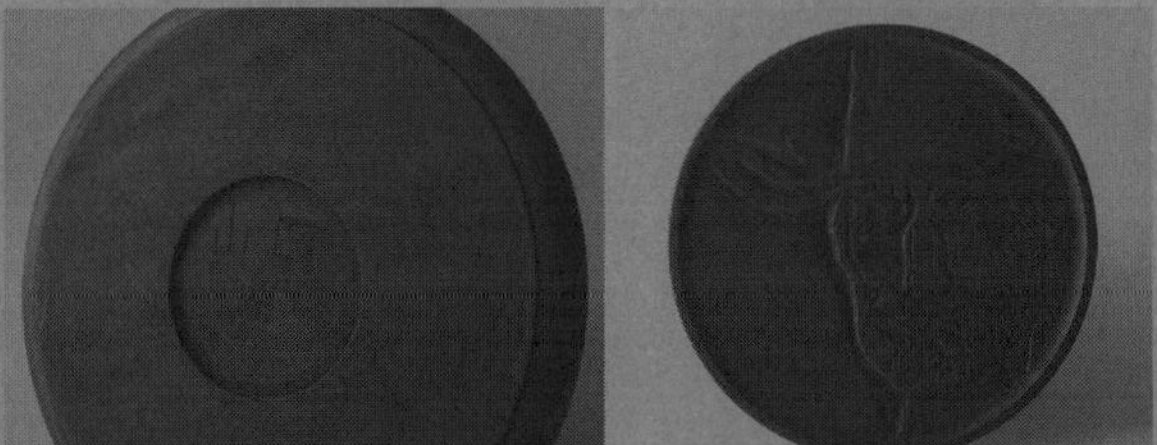

マカロニ・ウェスタンにはまっていた頃に制作した学校の課題

注41　『ビリー・ザ・キッド／21才の生涯』
西部開拓時代のアウトロー、

そうだね。オレの場合、大事なのは「カッコよさ」だけだね(笑)。早すぎたビジュアル系だったな。でもそういえば、文化祭の前の日に、学校の怖い人たちがオレのこと探してるらしい、って話があって。「うわ……シメられんのかな……」と思ってたら、「山口は絵が上手いんだろ～?文化祭でディスコをやるから壁に絵を描いてくれよ」って頼んできたんだよ。まぁ拉致されたような感じだったよ(笑)。で、わけわかんないアフロの男を描いたな～。

——分かりやすいディスコ感(笑)。卒業後の進路はどう考えてたんですか?

中3になった時、「オレは高校には行かない」とか言いだして親を困らせたな……。もう学校とか行きたくなくてさ。

——じゃあもう働くつもりだったんですか?

そうだね。というか、とにかく早くデビューしたかったんだよ。さっき言った講談社の通信教育受けたのもそれでさ。学校には行かないでイラストとか絵を描いていたかったんだよ。でも、結局学校の先生に「高校行って専門学校ぐらいは出とけ」って説得されたんだよな。それでも普通科なんて絶対イヤで、いろいろ探したら近くの工業高校にインテリアデザイン科っていうのがあったんだよ。

——デザインはデザインでもかなり遠いデザインですよね?

そうそう。先生も、「山口、お前の目指すデザインと、この学校のデザインは違うぞ」って(笑)。で、先生が商業科なんだけど、レタリングとかの授業があるところを見つけてきてくれたのよ。

ビリー・ザ・キッドの最期を題材にし、1973年に公開されたサム・ペキンパー監督による西部劇映画。エイリアス役でボブ・ディランが出演し、音楽も担当している。

注42 『GORO』
小学館が1974年から1992年まで発行していた総合男性誌。篠山紀信が「激写」シリーズを連載していたことや、創刊号で当時34歳だったデヴィ夫人のヌードを掲載したことでも知られている。

注43 『欲望』
1976年発売のボブ・ディランのアルバム。「ハリケーン」「コーヒーもう一杯」などのヒット曲を収録し、日本でも20万枚を超えるセールスを記録した。ちなみに収録曲「ジョーイー」はジョニー・サンダースもカバーした。

注44 『夕陽のガンマン』
1965年に制作されたイタリアの西部劇。名高い賞金稼ぎのモーティマー大佐と、新

――めちゃくちゃいい先生じゃないですか。

そうなんだよ。オレ、けっこう先生には恵まれてたんだよな〜。

――ちなみに唐突ですけど、精通っていつですか？

え！ そんなことも話すの……？

――一応、『ワイルドチェリーライフ』ですから。

オレ、遅いんだよ〜。中学3年の夏休みだったな。自分の部屋で『スクリーン』に載ってたミウ＝ミウ[45]の写真観ながらFMラジオを聴いてたんだよ。ミウ＝ミウって『バルスーズ』とかに出演してたフランスの女優なんだけど、とにかくエロいじゃない！ で、ラジオからはフランソワーズ・アルディ[46]特集が流れてたんだよ。ちょうどフランソワーズ・アルディが『夜のフランソワーズ』っていうアルバムを出した時の特集だったのよ。気怠いんだよな〜。

――いろんな要素が重なった結果、アダルティな雰囲気が部屋に充満しちゃったんですね。

そうそう。で、ムラっときちゃったのか、チンポを触ってるうちに出ちゃったのよ。あまりにも精通が遅かったのか、それからしばらく体調悪くなっちゃってさ。ずっとアンニュイな夏休みだったな。

――ただの夏バテですよ。

そうかも。ちなみに今でもフランソワーズ・アルディの声を聴くと自然と興奮しちゃうんだよな。

顔の賞金稼ぎ〝名なし〟が、大物強盗団のボスの首の争奪戦を繰り広げるクリント・イーストウッドの出世作。

注45 ミウ＝ミウ
セザール賞最優秀女優賞に9回ノミネートされたフランスの女優。1974年に公開されたインモラルな青春映画『バルスーズ』で一躍有名スターに。

注46 フランソワーズ・アルディ
1960年代にイエイエスタイルで登場し、世界の女性アーティストに大きな影響を与えたフランスのシンガーソングライター、女優。

――ははは！　なんとも高貴なパブロフの犬ですね！

そうなんだよ。あのアンニュイな感じの歌い方にグッときちゃうんだよな。そういうところがオレのフレンチ・テイストなとこなのよ。ほら、オレってどこかヨーロピアンでしょ？

――どこがですか！

第2章　モテ期　モテすぎて…

TOO much MOTEmOTE GENERATION

下手に世の中に合わさなくても、
時代の方がそのうち合わせてくれる

高校3年間は生きてるフリしてただけ

——さて、いよいよ高校時代に突入しますけど、ショッキングなことに高校時代の山口さんってファンクラブがあったほどモッテモテだったらしいですね！

そうだね（即答）。

——本題に入る前に、まずどんな高校生だったか聞かせてくれますか？

高校に入って、いよいよロックに目覚めたんだよ。同じクラスになった奴がローリング・ストーンズ[1]が好きで、シングル盤をまとめて貸してくれてさ。それまでボブ・ディランを聴いてたからすんなり入れたんだよね。でも、ジェット・ボーイズ[2]のオノチン[3]も言ってたんだけど、当時ってストーンズのレコードをあんまり売ってなかったのよ。初期のレコードが廃盤だったりで。リアルタイムの『山羊の頭のスープ』[4]とかは売ってたんだけどね。

——好きなレコードってあったんですか？

いや、それがストーンズには当時そこまでハマらなかったんだよな。あ、でもイヤなことがあると、「みんな死ね」って思いながら夜中にストーンズの「ギミー・シェルター」を聴いた

注1　ローリング・ストーンズ
1962年にロンドンで結成された世界的人気ロックバンド。

注2　ジェット・ボーイズ
P8参照

注3　オノチン
P8参照

注4　『山羊の頭のスープ』
1973年にローリング・ストーンズがリリースしたアルバム。全米チャート1位を記録した「悲しみのアンジー」などを収録。

奇跡的にカワイイ1枚、18歳（山口・談）

りしてたな。ちなみにストーンズが初めて来日した時にオレも当然行ってさ。オレは後ろの方の席だったんだけど、前の方には広告代理店みたいな、スーツ着たような奴らがいっぱいいて「オレが高校生の時に『みんな死ね』って思いながら聴いてたストーンズと違うぞ」って心底ガッカリしたよ。だから、いまだにロックは破壊的であってほしいっていう願望があるね。

——ストーンズ以外だとどんな音楽を聴いてました?

むしろストーンズよりもピンク・フロイド[5]とかレッド・ツェッペリン[6]、キング・クリムゾン[7]とかのほうが好きだったな。当時はピンク・フロイ

注5　ピンク・フロイド
1965年にロンドンで結成されたプログレッシヴ・ロックバンド。

注6　レッド・ツェッペリン
1968年にロンドンで結成されたハードロックバンド。

注7　キング・クリムゾン
1968年にロンドンで結成されたプログレッシヴ・ロックバンド。

ドの『狂気』[8]なんて誰の家にもあったし、イギリスのロックが最先端の時代だったからね。買う雑誌も『ロードショー』をやめて、『rockin'on』[9]とか『ミュージック・ライフ』[10]になったよ。映画スターのカッコよさよりも、ロック・スターのカッコよさに気づいちゃったんだよな。

——じゃあもちろん部屋のポスターにも変化が？

そうだね。ボブ・ディランもマカロニ・ウエスタンも外しちゃって、ピンク・フロイドやレッド・ツェッペリンになっていったね。見た目にも変化が出てさ、髪の毛が自然と長くなっていって、Gパンにハイヒールのブーツ履いてウエスタンシャツ着たり、分かりやすいロック少年になっちゃったんだよ。

——絵はどうだったんですか？

絵画教室にも相変わらず通ってたんだけど、油絵に興味がなくなったんだよ。ゴッホの後にマックス・エルンスト[11]って画家も好きになったりしたんだけどね。でも、その頃は美大に行く気がまったくないし、横尾忠則[12]の本ばっかり読んでたり、ツェッペリンとかピンク・フロイドのジャケットデザインをやってたヒプノシス[13]っていうデザイナーチームが好きで、なおかつアンディ・ウォーホル[14]とかも知っちゃうからさ。

——ポップアート[15]のほうに行くんですね。

だから絵も横尾忠則のパクリになったな（笑）。修学旅行のしおりみたいなのをデザインしろって言われて、モロに横尾忠則テイストなデザインにしたのを覚えてるよ。でも、当時「ア

注8　『狂気』
1973年にリリースされたピンク・フロイドのアルバム。光のプリズムを表現したデザインでも有名。

注9　『rockin'on』
1972年にロッキング・オン社が創刊した音楽誌。渋谷陽一など名物編集者がいることでも知られる。

注10　『ミュージック・ライフ』
かつて、シンコー・ミュージックが発行していた音楽誌。米英のポップス・ロックを主に取り上げていた。岸部シローも音楽特派員として参加していた。

注11　マックス・エルンスト
ドイツの画家・彫刻家。こすり出しやコラージュなどの技法を駆使した作風で知られる、シュルレアリスムの代表的な画家。

注12　横尾忠則
政治的メッセージやグロテスクな暴力描写など様々なメッセージを込めたデザインで、世界的に高い評価を得て

ンディ・ウォーホルが好き」なんて言ってたら、美術の先生なんかは「なんだそれ」みたいな感じで嫌がってたんだよ。

――今では考えられないですね。

『限りなく透明に近いブルー』[16]で村上龍[17]が芥川賞[18]を取った時、「影響を受けた作家は？」って質問に「ローリング・ストーンズとアンディ・ウォーホル」って言っててイカすな～！　って思ったね。だから村上龍の小説は読んだもん。

――村上龍も美大出身で、装丁を自分でやったりしてましたもんね。でも、学校の友だちたちとは会話に困りませんでしたか？

困るどころか、まだサブカルって言葉もない時代だからかなり浮いてたよ。学校生活も馴染めなかったなぁ。とにかく高校3年間は地獄だったのよ。右翼的で体育会系の学校でさ。周りの奴らは基本は頭の悪いヤンキーだらけだからね。地獄でしょ？　ヤンキー相手にヒプノシスの話なんてできねーじゃん。ホント、高校の3年間は生きてるフリしかしてなかったね。キツかったな～。

いる日本人で最も有名なグラフィックデザイナーのひとり。

注13　ヒプノシス
1968年に結成されたイギリスのデザイン・グループ。ピンク・フロイドなど多くのバンドのジャケットデザインを手がけていることでも知られている。

注14　アンディ・ウォーホル
アメリカのポップアーティスト。キャンベル・スープの缶やドル紙幣をモチーフにした作品は非常に有名。ヴェルヴェット・アンダーグラウンドのプロデュースや映画制作なども手がけた。

注15　ポップアート
現代美術の芸術運動のひとつで、大量生産・大量消費社会をテーマとして表現している。スター作家であるアンディ・ウォーホルらの作品は、世界的に影響を与えた。

注16　『限りなく透明に近いブルー』
村上龍が20代の頃過ごした福

ジャック・ワイルドに似てたのよ

――とはいえ、モテモテだったらしいじゃないですか。

そうはいってもね、オレの行ってた高校って男が少なかったんだよ。だから男はどんなのでも人気があったっていうか……。あとオレがモテてたっていうより、『小さな恋のメロディ』[19]のジャック・ワイルド[20]に似てるって言われてたんだよ。

――たしかに山口さんの昔の写真を見ると、美少年っぷりはソックリですよね。

ちょっと飛ぶけど、ハタチ近くになって銀座に『蘇る金狼』[21]を観に行ったんだよ。その帰り道で補導されたことがあるぐらいだからな～。

――類を見ないベビーフェイスっぷりですから。

話を戻すと、ほんとにジャック・ワイルドにはしょっちゅう似てるって言われててさ。バス停でバス待ちしてたら後ろの女子高生2人組が「ジャック・ワイルドに似てる～」って話してたこともあったよ。そんな感じでジャック・ワイルド人気にあやかってたら、隣の学校にファンクラブができちゃったのよ。

生市での体験を基に、麻薬とセックスに溺れる自堕落な若者たちを描いた小説。第19回群像新人文学賞、第75回芥川賞受賞作品。

注17　村上龍
1976年、『限りなく透明に近いブルー』でデビューした小説家。代表作にコインロッカーに遺棄された孤児の破壊衝動を描いた『コインロッカー・ベイビーズ』、SM嬢を過激な性表現で描いた『トパーズ』などがある。映画監督としても活動している。

注18　芥川賞
正式名称は芥川龍之介賞。1935年から開始され、新人作家の発表済みの短編・中編作品を対象にした文学賞。

注19　『小さな恋のメロディ』
1971年に公開されたイギリス映画で、アラン・パーカー監督の処女作。少年少女の恋を瑞々しく描き、本国やアメリカよりも日本で大ヒットした。

ロック・スター気取りな18歳。友だちとスタジオに入ったら、ギターもヴォーカルもヒドイと言われて、ロック・スターになるのを諦める（笑）（山口・談）

——自分の学校じゃないところもすごいですよね。広範囲にわたって影響力があるというか。ファンクラブの存在はどういう経緯で知ったんですか？

オレの学校の美術の先生が隣の学校にも教えに行ってたのよ。で、「おい山口、流山中央高校にお前のファンクラブあるらしいぞ」って話になって（笑）。後に分かるんだけど、先生の言ってたとおり、オレってわりと有名だったらしいのよ。専門学校に行ってから同じクラスになった同じ地元の女の子に「山口くん、有名だったよ」って言われたから。でも、オレ自身はモテてるって感じはなかったよ。

注20　ジャック・ワイルド
『小さな恋のメロディ』の主人公・ダニエルの悪友・オーンショー役を務めたイギリスの俳優。

注21　『蘇る金狼』
大藪春彦の小説を原作に、松田優作主演で1979年に公開された映画。真面目なサラリーマンが悪の道を突進していくハードボイルド作品の傑作。

──ほんとですか？　ラブレターもらったりしなかったんですか？

それは……あったね（笑）。

──今さらなに照れてるんですか。

でもメンドくさかったのを覚えてるよ。あのね、調子乗っちゃうけど、ものすごく人気があったから、ひとりと付き合うのはメンドくさいなって思ってたのよ（笑）。だから、「誰とも付き合わないし、バレンタインデーのチョコも一切もらわないよ」って公言してたんだよね。

──アイドルみたいな存在じゃないですか。いまだに童貞なのに！　でも、それだけモテてたら拒否宣言をしてても、来るものは来ますよね？

来ますよ！　で、断ったり拒否したらしたで、「あいつは生意気だ」ってスケバンに呼び出されたこともあるよ(笑)。同じ中学の女なんだけど「オメー、中学の時はそんなにモテてなかったくせしてよ！　調子乗んなよ！」って。イヤでしたね～（笑）。

──ファンクラブはどのくらいの規模だったんですかね？

分かんねーな。でも、たまに駅に集まってたよ。

──え！　出待ちじゃないですか！

声かけられたり、騒いでたりしてたんだけど、恥ずかしいし、こっちから声かける根性もないから無視してたな。

オレのファンって、ブスが多かったのよ

――じゃあ気まぐれでデートしたりとかもなかったんですか？

オレらの時代ってそういうのあったのかなぁ？　付き合ってる奴らとかはいたけど、冷やかされたりしてたような時代だからね。でも、今思えば高校の時も女の友だちが多かったな……。

――今もそうですよね。周りに常に女性がいますよね。

そうなんだよ。オレぐらいの歳のオッサンとかでもキャバクラ行ったりするじゃん。「なんで行くんだよ？」って聞いたら、「たまには若いねーちゃんと話してーじゃん」って言うんだよ。そんなに話したかったら電話してお茶でもすりゃいいじゃん。

――いやそれ山口さんだからできるんですよ。

オレの周りって娘ぐらいの歳の若い女の子がいっぱいいるんだよな、常に。だからあんまり「寂しいな」って思うこととかなかったな。

――山口さんは童貞といっても普通の童貞とまったく違うけど、そこは大きなポイントですね。童貞って女性との接点を持てなかったり、接点があってもどうしていいのか分からなかったり、

こじれたプライドのせいで話しかけられなかったりするわけじゃないですか。

そういうことはないな。高校の時に同級生の女の子がオレの家に遊びに来たりしてたもん。

——それで何も起こらないんですか？

机の引き出しを勝手に開けられて、エロ本があるかチェックされたぐらいだよ。

——それ絶対その後の展開があるパターンじゃないですか。

その子がタイプじゃないってこともあったんだよな。言っちゃ悪いけど、オレのファンはブスが多かったのよ。

——ヒドい！

たまーに綺麗な子もいたんだけど、「誰とも付き合わない」って公言している以上、その子と付き合ったりすると問題が生じるし、まったく身動きとれなかったね。あとヤンキーが多いから、「硬派こそカッコいい」っていう価値観なんだよ。だから男連中の髪型はほぼリーゼントかオールバック。たまに坊主の奴がいるけど、そいつは悪いことしてしょうがなく坊主にされちゃった奴だったね。だから、髪が長いだけで「オカマ」って呼ばれたりしたよ。

——今とは違う生きづらさのある時代ですよね……。

ロックを聴いたりするのはほとんどが女の子でさ。男は歌謡曲とか、よくてクールスぐらいしか聴いてないからな。だいたいの奴がE.YAZAWAと暴走族のスペクター[22]のステッカーを貼ってた時代だから。でも、今話してて思い出したけど、高校3年生の夏休みって受験しないから

注22　スペクター
町田を本拠地に、関東全域で活動していた70年代の伝説的暴走族。

暇じゃん。その時期に、中学の同級生で別の高校に行ってもたまに付き合いのあった奴とミニコミ作ったりしたよ。

——え！　どんな内容ですか？

ロック評論みたいなミニコミだよ。友だちが文章書いたのを、オレが全部手書きで版下作ってデザインしたんだよ。『rockin'on』の出来損ないみたいな（笑）。でもその友だちっつーのが、頭七三分けでメガネかけてる真面目な奴でさ。見た目ロック感まったくなくて、論理的にロックを聴くようなタイプで当時からロキシー・ミュージック[23]とデヴィッド・ボウイ[24]しか聴かないような奴だったな（笑）。実際頭の良い奴で、偏差値すっげー高いのよ。

——なかなかメンドくさそうですね（笑）。

メンドくさいよ（笑）。理屈っぽいからあんまし合わないんだけど、そいつとふたりで作ったミニコミはちゃんと本屋に伝票切って置いてもらったりしたんだよ。当時の出版って、今でいうベンチャー企業っつうか。そもそも『rockin'on』とか『ぴあ[25]』って大学生が起業して創刊して成功したものじゃん。夢があったんだよな。で、そのミニコミもけっこう評判になって、大人の人から電話かかってきたりしたよ。静岡の方の大人のお姉さんと会ったこともあるな。

——もちろんエロい展開には……。

ならないよ！「一緒にミニコミ作りましょう」みたいな感じだったような気がするな。

注23　ロキシー・ミュージック
1971年にイギリスで結成されたグラムロックバンド。ヴォーカリストのブライアン・フェリーの個性が炸裂し、非常に派手である。

注24　デヴィッド・ボウイ
グラムロックの先駆者であり、「メジャーなカルトヒーロー」の称号を持つロック・シンガー。『戦場のメリークリスマス』など、いくつかの作品で俳優としても活躍した。

注25　『ぴあ』
1972年、中央大学の学生だった矢内廣が学生起業して創刊した情報誌。客観的で完全な、「情報のインデックス化」を目指した編集方針で多くの読者を得た。

高校時代は無駄な時間だった

――じゃあ好きな子もいなかったんですか？

まったくだね。興味もないっていうか。オレも子どもだったしな（笑）。やっぱり自分にしか興味なかったなぁ。

――話を聞いてると、年を追うごとに自分への興味が増してますよね。

そうかもね。究極の自己完結だよ。完全なるオナニスト。

――何を言ってるんですか（笑）。じゃあ当時のオナニーのオカズってなんでした？

え！　そんなことも書くの？

――『ワイルドチェリーライフ』ですから。

……ん〜、まだAVとかもない時代だし、ビニ本もなかったから、『GORO』とか『プレイボーイ』[26]ぐらいだなぁ。

――好きなアイドルや女優もいなかったんですか？

とくにいなかったなぁ……。

注26　『プレイボーイ』
1964年、集英社が発行した男性向け週刊誌。

――ベタですけど、アグネス・ラム[27]とかは？

あ、周りの奴らはけっこう騒いでたけど、オレはまったくピンときてなかったな。「脱いでねーじゃん」って。

――そういうところは不気味なほどドライですよね。

脱がねぇんだったら興味ねぇよ。オレの知り合いも「アグネス・ラム？　あんなの胸にケツついてるだけじゃねぇか」って乱暴なこと言ってたな（笑）。

――品性下劣！

でも、当時服部まこ[28]っていう女の子がいたんだよ。カネボウ化粧品のキャンペーンガールでグラビアとかやってたんだけど、そいつがオレと同い年って知った時はさすがにビックリしたな。友だちたちと「これは大人っぽすぎてオレらじゃ相手できねぇぞ」って言ってたよ。

――学校の成績はどうだったんですか？

まったく勉強しなかったからほぼ赤点だったよ。オレの行ってた高校は進学というより就職率が高い学校だったのよ。で、1クラス45人なんだけど、高校1年の2学期に先生に呼ばれて、「お前、44番だぞ」って言われたんだよ。「まだ後ろにひとりいるじゃん！」って一瞬喜んだんだけど、そいつは夏休みに辞めてたんだよ（笑）。

――ブッチギリだったんですね。けっこう怒られたんですか？

いや、それがイイ先生でさ、「まぁお前は好きなことやってればいいよ」って。オレ、先生

注27　アグネス・ラム
1970年代後半に日本で活躍した中国系アメリカ人モデル。グラビアアイドルの先駆者とも言われている。

注28　服部まこ
1978年、カネボウ化粧品のキャンペーンガールとしてデビューしたタレント。現在は表記を服部真湖と変えて活動中。

には恵まれたんだよな〜。そんで、空想癖があるからボーッとしてることがあったのか「山口……お前もしかして白昼の幻想を見てるんじゃないのか?」って(笑)。

——遠回しに「LSD[29]でもやってるのか?」ってことですかね(笑)。

分かんないけど、まぁ面白い先生だったよ。でも、高校時代はずーっと「無駄な時間だな〜」って思ってたな。オレの友だちで高校を中退した奴が、上野のデザイン学校入ってさ。すっげー羨ましくてオレも学校辞めたかったけど、親に「高校だけは出ろ」って言われたんだよね。

——進路はどう考えていたんですか?

オレね、意外と常に考えてて、中学の頃から「デザイン系の専門学校に行く」って言ってたのよ。当時、「デザイン系の専門学校に行く」なんて言ったら、普通なら親とか先生から反対されるような時代だったんじゃねーかな。でも、ずーっと言い続けてたから反対されたりはしなかったね。とはいっても「将来はデザイナー」つったって、「何それ? ファッションデザイナー?」って時代だったから親は心配してただろうなぁ。ウチなんかとくに親が国鉄だから、入ろうと思えばコネで入れるわけよ。とにかく高校3年生になって早々と東京デザイナー学院に行くことが決まったんだよ。試験もないしね。それでかなり解き放たれたんだろうな〜。高校卒業間際の1月ぐらいに突然高熱が出て、身体中に膿んでるような発疹が出ちゃったんだよ。で、病院に行ったら先生に「ヘルペスだな。お前、なんかやっただろ」って言われたんだよね。童貞なのに(笑)。で、よくよく調べたら、水疱瘡だったのよ。

注29 LSD
サイケデリックな幻覚症状を引き起こす薬物。

――水疱瘡ってだいたい小学生ぐらいでなるものですよね？

そうらしいんだけど、年とってからだと異常に重たくて、治るまで時間かかるんだよ。1月ぐらいから3月までの暇な時期あるじゃん。その間ずっと病気でさ。顔とか膿んじゃって外出れない状態が続いたんだよな。

変なところで手を打たない

専門学校にあがった時はもう嬉しくってしょうがなかったな。でも、課題が異常に厳しくて毎日のように徹夜してたよ。最初はひたすらまっすぐ線を引く練習させられるんだけど、ずっと油絵しか描いてなかったからまったくできないの。おまけにデッサン力もないから、デッサンの授業もいっつも怒られるし……。才能がないんじゃないか？　なんて思ったりしたけど、キツイのはオレだけじゃなくて、夏休みが終わったら半分ぐらいは辞めてたな。

――それでも充実はしてたんですか？

そうだね。今でもあるけど、お茶の水駅前にお城みたいなサンロイヤルビルってあるじゃん。あそこって昔は喫茶店だったんだよ。そこに毎日学校帰りに行って、友だちたちと延々おしゃべりするのが楽しかったな〜。

——音楽の趣味とかは変わらずでした？

いや、激変したよ。79年に入学したんだけど、ちょうど時代の変わり目っていうか、それまではレッド・ツェッペリンとかピンク・フロイドばっかり聴いてヒプノシスとか憧れてたのに、急にダサく感じちゃったからね。時代はニューウェーヴ[30]で、オレも髪の毛短くしたもんね。ベルボトムのジーパンも捨てちゃって。60年近く生きてきて、「あ、時代が変わったな」って肌で感じたのはその時ぐらいだな。

——異常な人生ですね……。

みんなすぐに「時代は変わった」とか言うけど、オレに言わせりゃそのぐらいの頃から何も変わってないのよ。17、18歳ぐらいからオレ自身の生き方はまったく変わってないでやってこれたから。

——『ブリキの太鼓』[31]みたいな話になってきましたね。

そうだよ。「昔はケータイもメールもネットもなかった」とか言われても、いまだに何ひとつないからね（笑）。

——山口さんと連絡をとる時はいまだに家の電話のみですからね。このへんはあとでじっくり聞きますけど。

人間って下手に世の中に合わさなくても、チャンスは巡ってくるのよ。イカンのが時代に合

注30　**ニューウェーヴ**
パンク・ムーブメント以降のイギリスで生まれた、ポストパンク、ディスコ、現代音楽や電子音楽など、これまでの音楽スタイルとは違う音楽の総称。

注31　**『ブリキの太鼓』**
ここでは、1959年にドイツの作家・ギュンター・グラスが発表した小説を、1979年に映画化したものを指す。生まれた時に知能は成人並みの発達をとげ、自分の成長を自身の意思でコントロールする能力を備えるオスカルの物語。

わせてコロコロと変わる人っているじゃん。あれはダメなのよ。時代の方がそのうち合わせてくれるんだから。オレなんて35歳ぐらいでフリーになってまぁまぁ売れっ子になった時があるんだけど、それは時代とピタッと合ったんだよ。で、その後ちゃんと外れたんだけど（笑）。でもまたこういう本をはじめ、いろいろ話が舞い込んでくるからこの後またオレの時代が来つつあるんじゃねーかな。

やっぱり「変わらない過激さ」ってあんじゃん。でも「時代に乗り遅れちゃいけない」っていうのが主流の考え方じゃん。それは逆に失敗するよ。たいていの人が時代のスピードについていけるはずねーんだから。年取ってまで時代の流れに必死になってしがみついて生きるのなんて疲れるよな。iPad持ってスタバでコーヒー飲むのが好きなジジイとかいるけど、オレはイヤだな〜。でもね、話をひっくり返すようだけど、少しは最先端を取り入れたほうがいいと思うんだよ。

――山口さんがニューウェーヴ・ブームを取り入れたようにですか？

そうそう。多少取り入れるのは大事だと思うね。例えばズボンが細くなったり、髪の毛が長くなったりとか、そのへんの細かいところだけ気をつければいいんじゃないかな。

――ファッションだけじゃないですか（笑）。まぁでも今の若い世代は、ちょっと前まで「ダサい」とされていたTシャツをパンツにインするファッションとか、普通になってますしね。

そうでしょ？　また巡ってきたでしょ。そういうもんよ。でも、ちゃんと今風のアレンジもしてんじゃないの？　60年代にデビューしたローリング・ストーンズがいまだに現役で長続きしてるのってそれがあると思うんだよね。ちょっとずつその時代その時代の流行を取り入れてるじゃん。『女たち』[32]でパンク、『エモーショナル・レスキュー』[33]でディスコとかね。でも、ローリング・ストーンズのブルースを基にしたロックっていう基本は変わらないでしょ。みんな気をつけた方がいいよね。絶対チャンスは巡ってくるから、下手に寄って行かずにじっくりと待つっていうのが大事なんだよ。

――でもたいていの人は我慢できないですよ。

そうなんだよ～。オレの場合は童貞だから我慢できたんだよな。なんにも知らないと我慢できるもんなのよ。童貞じゃない奴は焦っちゃって我慢できないんだよ。

――すごい境地……。でもたしかに美味しいご飯に例えても、一度食べると「また食べたいな」って気持ちになるけど、知らなければ知らないで我慢できるかもしれないですね。

だからさ、なんでいまだにオレが童貞なのかっていうひとつの理由に、「もっといい女が寄ってくるんじゃないか？」っていうのがあるんだよ。変なところで手を打たない。

――それで60近くまで待ってたんですか！　「石の上にも60年」！

そうだよ。絶対来るよ。むしろ「もっといい女が寄ってくるんじゃないか？」って10年後もまだ待ってると思うよ。ストーンズの曲で、「I Am Waiting」[34]って曲があるんだけど、まさにそんな感じだね。

注32　『女たち』
1978年にリリースされたローリング・ストーンズのアルバム。ストーンズなりのパンクへの回答を提示した傑作。

注33　『エモーショナル・レスキュー』
1980年にリリースされたローリング・ストーンズのアルバム。レゲエやダブへのアプローチを試みた実験的作品。

注34　「I Am Waiting」
1966年にリリースされたローリング・ストーンズのアルバム『アフターマス』収録曲。

初恋の子はオレと顔が似てたね

――ところで専門学校卒業後はどこかデザイン事務所とかに入って……とか考えていたんですか?

いや、「専門学校行ったぐらいでデザイナーになれんのか?」って思ってたのよ。そのへんはリアリストっていうか、オレって意外と俯瞰で自分のこと見れるのよ。

――童貞なのに。

そうなんだよ。童貞だけど自分に甘くないしね。

――きっと甘くなさすぎて童貞なんですよ。

そうなのかもな……。で、専門学校って2年で終わりじゃん。2年目の秋ぐらいになって、さて就職どうするんだって話になった時に学校の就職課に相談にいったのよ。そしたら広告制作プロダクションを紹介してくれて、そこに面接行ったらすぐに受かっちゃったんだよ。

――順風満帆じゃないですか！　じゃあもう後は卒業制作を作るだけってことですね。卒業制作は何を作ったんですか?

恥ずかしいんだけどね、ムーンライダーズ[35]のレコードジャケットを勝手にデザインしたんだよ。当時って海外のバンドだとトーキング・ヘッズ[36]が好きで、『リメイン・イン・ライト』[37]ってアルバムがあったんだけど、あれが最先端の音だったんじゃねーかな。で、日本のバンドだとムーンライダーズが好きだったんだよな。当時出てたアルバム全部をB全のパネルに手描きしたんだよ。

——それはかなりの労作ですね。

先生が厳しくってさ〜。ダメ出し食らって一回作ったのをゼロから作り直したのよ。あれは泣いたな〜。でも、提出後のある日に先生がわざわざ家に電話くれたんだよ。なんでかっていうと、オレの作品ってポップな作風だったんで、そういうのはいっさい展示しないっていう決まりがあったみたいなんだよな。ま、オレは卒業できればよかったんで、「気にしないですよ」って言ったんだけど。

——相変わらず女性には興味がなかったんですか？

それが実はさ、卒業間近頃に気になる女の子がいたんですよ。

——え！　それはもしかして初恋ってやつですか？

そうかもね……。専門の同級生だったんだけど、その子の好きなタイプがかまやつひろし[38]とジョニー大倉[39]（笑）。すっげーセンスいいんだよ。

——よすぎですね。

注35　ムーンライダーズ
1975年、はちみつぱいのメンバーだった鈴木慶一らによって結成されたロックバンド。

注36　トーキング・ヘッズ
1974年に結成されたアメリカのロックバンド。初期はニューヨーク・パンクのひとつとして認識されていた。

注37　『リメイン・イン・ライト』
1980年にリリースされたトーキング・ヘッズのアルバム。『モア・ソングス』から続いたブライアン・イーノプロデュース最終作。

注38　かまやつひろし
ザ・スパイダースのメンバーとしてお茶の間の人気を得た。通称・ムッシュ。1970年にリリースした『ムッシュー／かまやつひろしの世界』など、日本のロック史に輝く名盤を残している。

注39　ジョニー大倉
1971年に矢沢永吉らとキャロルを結成。ソロとして

そうだろ？　そんな人、生きづらいだろ……。今どうしてんのかなぁ。生きてるのかなぁ。所沢に住んでて、池袋でよくお茶したりしたよ。

――デートとかもしてたんですか？

一緒に映画観に行ったりとか、デートみたいなこともしたよ。でも、付き合うまではいかなかったんだよな。女の子と親しくなると、一緒に学校から帰ったりして、「あれ？　これって付き合ってるのか？」みたいな、あの時期がいちばん楽しいじゃん。ま、そこがオレの童貞っぽいとこなんだけど。

――童貞っぽいどころか真性童貞じゃないですか。

そうだった（笑）。そういえば、絵本を作る授業があって、オレは『少年愛の美学』[40]とか書いてた稲垣足穂[41]の『一千一秒物語』[42]の短編を絵本にしたんだよ。

――めちゃくちゃ攻めてますね。

そうだろ？　でもさ、みんな大して面白いことやらねーのよ。でも、その女の子は大瀧詠一[43]の『NIAGARA CALENDAR』[44]を絵本にしてたんだよ。当時大瀧詠一なんて聴いてる人いなかったから、センスいいなぁって思ったな～。で、これオレの異常なところなんだけどさ、その子がオレとまったく顔が同じなのよ（笑）。

――狂ってる！

……さすがに自分でもそう思うよ。ナルシストがすぎるよな（笑）。「お前ら顔似てるな」っ

も『JOHNNY COOL』など不良感性度の高い名盤多数。俳優としても多数の映画やテレビドラマに出演している。

注40　『少年愛の美学』
1968年に発表され、古今東西の少年愛・同性愛をまとめた作品。1969年、第1回日本文学大賞受賞。

注41　稲垣足穂
1900年、大阪生まれの作家。「エッセイ的小説、小説的エッセイ」は三島由紀夫をして「昭和文学のもっとも微妙な花の一つ」と言わしめた。

注42　『一千一秒物語』
1923年に出版され、稲垣が17歳頃から書き始めた短編をまとめた作品集。

注43　大瀧詠一
日本語ロックを構築したバンド・はっぴいえんどのメンバーとして活躍。また、CMソングの制作、ナイアガラ・レコードの設立、他アーティストのプロデュースなど、活動は多

て周りのみんなに言われててさ。一緒にいると、「兄妹ですか?」って言われるぐらい似てたんだよ。まぁオレの場合は過剰なナルシストっていうか、自分にしか興味ないから、自分好きが高じて自分とそっくりの女の子を好きになっちゃったんじゃねぇかなぁ。

――なんだか怖くなってきましたよ!

だから、この先も自分に似た顔の奴が現れたら好きになっちゃうんじゃねーの?

――それだけ好きなタイプが特異だから童貞なんですかね?

どうだろう……でも話が逸れちゃうかもしれないけど、人間って自分と同じような顔の人が好きになるらしいよ。夫婦って顔が似てくるっていうじゃん。あれって、一緒に長い時間を過ごしてきたから似てくるわけじゃなくて、元々が似てるらしいんだよな。

――そうなんですか?

なんかの本で読んだんだけど、どこかの大学が研究したらしいよ。人間ってやっぱりどんな顔でも、いちばん自分の顔を見てるじゃん。何かにつけて。で、どんな顔でもやっぱり愛着があるらしくて、自分と似た顔の奴が現れると恋に落ちるらしいのよ。

――初耳ですよ!

岐にわたる。

注44 『NIAGARA CALENDAR』
1977年にリリースされた大滝詠一のアルバム。月ごとにテーマを設定した楽曲を収録したカレンダーアルバム。

第3章 青年期

YOUNG, LOUD AND SNOTTY

ノストラダムスの大予言って
オレが童貞を失うことだと思ってた

『爆裂都市』観て、お客さんとケンカ

オレが初めて就職した会社は社員10人ぐらいの広告制作プロダクション。そういうと聞こえはいいけど、デザイン、写植[1]、版下[2]まで全部やるような会社なんだよ。当時、宝石店のじゅわいよ・くちゅーるマキっていうところとかがテレビCMをガンガンやってたんだけど、そのチラシとかポスターとか作ったりしてた会社なのよ。でもオレが入った頃はそこまでいい仕事はなかったんだけどね。そこでまずやらされたのが、1ミリの幅の中に研いだ丸ペン[3]で10本線を引くっていう練習。

——まだマックとか出る前だからすべて手作業なわけですもんね。

デザイナーっていっても、思ってたのと全然ちげーじゃん！　って泣いたよ（笑）。当時はそういう下積みを10年ぐらいやらないと、いっぱしのデザイナーになれないっていう時代だったんだよな。

——今と違ってデザイナーが職人っぽい時代ですよね。

で、その後は、新聞の下に小さい広告あるじゃん。コンサート告知とか専門学校とかの広告。

→20歳。就職の時、履歴書に使った写真だけど、まだ美少年だよね？　この頃出入りしていた広告代理店のおじさんに、「君、マモル・マヌーみたいだな～」と言われた（山口・談）

注1　写植
写真技術を使った植字方法で、パソコンによるデザイン（DTP）の登場で駆逐されてしまった文化。

注2　版下
製版の元になる原稿。アナログでデザインしていた頃には、台紙に写植や図版の紙焼きを貼り付け、トンボや罫線などをレイアウトしていた。

21歳。だんだん"PUNK"になってきた頃（山口・談）

毎日毎日ちっちゃい広告を2年間もひたすら作ってたのよ。指定して、写植出して、それを貼って版下作って、入稿まで全部やってたよ。

――それだとかなり忙しい毎日ですよね。

徹夜とかはなかったけどホントに忙しかったな〜。一切遊んだりできないし、仕事仕事で、イヤな思い出しかないね！　専門学校を卒業する1、2ヶ月ぐらい前から働いてたんだけど、その時点で現実を知っちゃったからさ。卒業式はどんよりしてたのを覚えてるよ。デザイナーになった感じはあったけど、夢がないっていうか、終わった感じだったな。

――2年目で辞めようと思ったキッカケはあったんですか？

注3　丸ペン
繊細でありながら強弱をつけた線を描きやすいことから、多くの漫画家に愛用されている。

もう限界だったんだよ。忙しいし、面白くねーし、お客さんと揉めちゃったんだよ。

――揉めた？

とにかく「早くしろ」ってガンガン急かされるのよ。で、ちょうど『爆裂都市』[4]観に行った翌日で、映画の勢いもあって「なめんなよ！」ってブチ切れちゃって（笑）。

――ははははは！　気持ちは分かります！

チャイルディッシュでイカンよな〜。で、当然だけどお客さんひとり失くしちゃったんだよ。まぁこれでクビでもいいやって思って社長に報告したら、「よく我慢したよ」ぐらいの感じでクビにはならなかったのよ。

――でも、自ら「辞めます」って言い出したんですか？

そうだね。ちょうどその頃、付き合いのあった写植屋のオッサンがいてさ、その人はひとりで会社をやってたのよ。で、「版下とか外回りとかやってくれる人がいないから、今のトコ辞めるなら手伝ってくれねーかな」とか言ってきて、かなり金積まれたんだよ（笑）。それで会社辞めてそっち行っちゃったんだよ。

――堅実ですね！

堅実っつーか、オレは「金稼げない奴はダメ」っていう考えなんだよ。デザイナーになるために専門学校とか行くと、憧れのデザイナーのもとでお金もらわないで修行する奴っていうのがけっこういたんだけど、そういう感覚はオレにはなかったな。今でも考えは変わってなくて、

注4　『爆裂都市』
1982年に公開された、石井聰亙監督による近未来を舞台とした、バイオレンスSFアクション映画。ザ・スターリン、ザ・ロッカーズ、ザ・ルースターズなどミュージシャンが多数出演している。

ジョンソンズで決めていた20代半ば。この頃から"NO FUTURE"（笑）（山口・談）

「才能があるけど金が儲からない」っていう人がいるけど、それは才能がないんだよ。何か才能があれば儲けてるでしょ。

——これはなかなか耳の痛い話ですね。ちなみに、ふたつめの写植屋さんに入ったのが22歳ぐらいじゃないですか。その頃に童貞であることの焦りとかはなかったんですか？

ないな。その頃ってまだ時代的にもわりと奥手だったと思うよ。むしろカミングアウトはしないけど、20過ぎても童貞のほうが多いぐらいだったんじゃねーかな。逆に地方から上京してきた奴のほうがヤってるっつーか。

——田舎だからセックスぐらいしかやることないっていうアレですかね。

だと思うよ。オレは大人のオモチャ屋

みたいなところで童貞証明書っていうのを買ってさ。いつも財布の中に入れておいて、取引先とかで見せびらかしてるとみんな喜んでたよ。当時はわざわざカミングアウトする奴なんていなかったから珍しがられたんだよな（笑）。

——その頃からフランクにカミングアウトしてたんですね！ でも、当時60歳手前まで童貞とは思ってないわけですもんね。

思ってないね！ ノストラダムスの大予言[5]ってあったじゃん。「1999年、7の月、空から恐怖の大王が来る」っていう。子供の頃にあれ読んでたから刷り込まれててさ。99年が39歳なのよ。だから子供の頃は「結婚して子供もいるんだろうな」って思ってたのに、99年になっても童貞だった時はさすがに自分でもビックリしたよ（笑）。7の月ってオレの誕生月だからさ、密かに「ノストラダムスの大予言って、オレが童貞を失うんじゃねーか？」と思って楽しみにしてたのにな〜。

注5 ノストラダムスの大予言
1973年、フランスの占星術師ノストラダムスが著した『予言集』を元にした五島勉の『ノストラダムスの大予言』が発行された。その中に掲載された「1999年7の月に人類が滅亡する」という解釈は、当時、公害問題などで将来に対する不安を抱えていた日本国民に一気に浸透した。

男はステゴロじゃないとダメなのよ

――ちょっと話は逸れるんですけど、30歳を超える時に、いまだ童貞だという焦りはなかったんですか？

焦りはなかったね。あと、ずっと童貞の理由のひとつとしては、一人前にならないと女と付き合う資格なし、って考えなんだよ。だからいまだに一人前じゃないんだよな。一人前になった感をこれまでの人生でまったく感じてこれなかったんだよ。

――今現在60手前ですけど、自らに課したハードルが高すぎますよ。

そうなのかなぁ。自分に自信がないんだろうな……。いや、変なところで自信があるから、ほんとよく分かんねぇな（笑）。パラノイアなんじゃねぇか？

――そうだと思います。あと「一人前にならないと女と付き合う資格なし」って、ものすごい硬派な考え方ですよね。

そうそう。オレって意外かもしれないけど、「硬派はカッコいい」っていうのがあるんだよ。硬派追求しすぎて童貞っていう。オレの大好きなルースターズ[6]も妙な硬派感あるじゃん。

注6　ルースターズ
1979年、人間クラブというバンドを母体に、大江慎也、花田裕之らによって結成されたバンド。ロックンロール、パンクロック、ブルースロックなどを消化したスピーディーなサウンドが特徴。「ロージー」や「恋をしようよ」など名曲多数。

――そうかな……？

ルースターズは硬派だよ〜！　あと、硬派だったら女の方から寄ってくるっていう謎の幻想もあるな。子供の頃読んでた漫画とか全部主人公が硬派なんだよ。『あしたのジョー』[7]の矢吹丈も、『愛と誠』[8]の太賀誠も、『デビルマン』[9]の不動明も、硬派で童貞でしょ。

――山口さんと一緒で童貞を通り越して狂人の域ですけどね。

硬派ですよ。あとね、ずっと童貞でいるっていうのはね、オレ、キカイダー[10]が大好きだったんだよ。だから〈人間は完成したらいけない〉っていうのがあるんだよな。未完成って伸びしろがあるじゃない。人間の魅力って〈未完成さ〉だと思うのよ。完成された時は死しかないよ。パソコンを使わないのもそこかもしれないな。クリエイターとしての伸びしろを作っておく。AVも素人モノが好きだからね。オレも35歳の時にデザイナーになるんだけど、気持ち的にはずっと素人だと思ってたから。でも、そこから仕事が減ってダメになってってたのも、変なプロ意識が芽生えちゃったからじゃねーのかな。いっぱしのデザイナーらしいこと言うようになっちゃったんだろうな。

――童貞に関しても「プロ童貞」って言われるようになりましたもんね。

あと、硬派って話が出たけど、オレはパソコンもケータイも持たないっていうのはデジタルに対しても硬派でいたいのよ。

――どういうことですか（笑）。

注7　『あしたのジョー』
1968年から『週刊少年マガジン』で連載された、原作・高森朝雄（梶原一騎）、画・ちばてつやによるボクシング漫画の金字塔。矢吹丈は本作の主人公。アニメ版ではあおい輝彦が声優を担当した。

注8　『愛と誠』
1973年から『週刊少年マガジン』で連載された、原作・梶原一騎、画・ながやす巧による激アツ青春劇画。太賀誠は本作の主人公で、「フーテン・タイガー」の異名を持つ札付きの不良高校生。実写映画第一弾では西城秀樹が太賀誠を演じた。

注9　『デビルマン』
1972年から『週刊少年マガジン』で連載された、永井豪によるウルトラヴァイオレンス・ハルマゲドンコミックス。不動明は本作の主人公。

注10　キカイダー
石ノ森章太郎原作の特撮ドラマ『人造人間キカイダー』の主人公。人間形態の時はジロー

オレってデジタル硬派だから。もう何年か前だけど、女の編集者と駅でばったり会った時に、切符を買い始めたオレの姿を見て、その人ビックリしてたからね。「まだSuica持ってないんですか？」って。で、「ケータイも持ってないよ」って話をしたら、「今の時代にそんな無頼な方がいらっしゃるなんて……」って。今の時代、ケータイ持ってないのが無頼なんだな（笑）。

——たしかに無頼ですね！

字の通り、何にも頼ってないもんな。

——ポータブルDVDプレーヤーぐらいじゃないですか？

そうだね。オレ、昔から「男はステゴロじゃないとダメ」っていうのも思ってるんだよ。武器を持つ奴は卑怯っていう。

——ちょっと違うかもしれないけど、山口さんはカバンも持たないですもんね。

そうなんだよ。カバン持つの大っ嫌いでさ。男でちっちゃいバッグ持ってる奴も気持ち悪くって、「オメー、生理用品でも持って歩いてんのか？」って聞くんだよ。だから持ち歩くのは財布だけだね。あとケータイを持たない理由のひとつに、物理的に持てないっていうのもあるな。服装がパッツパツだからポケットにも入らねーのよ（笑）。

——話を聞いてると生き方の美学を遵守しすぎてて、童貞っていうのはむしろ後からついてきたものなんじゃ？　って思っちゃうんですけど。

いやいや美学なんてものじゃないよ。

と名乗り、ギターを背に上下デニムでキメている。組み込まれた「良心回路」が不完全で、正義と悪の狭間で悩む姿が印象的であった。

20万円持った中学生だったな

――ふたつめの写植屋さんはどのぐらいいたんですか?

それがイカンのが、30過ぎまで、10年ぐらいいたんだよ!

――ということは、仕事的にはよかったんですか?

よくないですよ! 一度、ストレスなのか身体壊しちゃったりしたしね。入った頃は社長とオレの2人きりだったけど、辞める頃には10人ぐらいいたから。20代後半ぐらいの頃なんて今思えば完全に自律神経もおかしくしちゃってたからね。でもすごいのが写植屋の社長が、オレが確実におかしくなってんのに「ま、金で解決しようや」とか言い出して、またさらに給料上げるんだよ(笑)。

――複雑なブラック具合ですね! どれぐらいもらってたんですか?

当時で30万は超えてたな。写植屋ってすっげー下に見られんのよ。とくにデザイナーからはバカにされるっていうか。でも周りのデザイナーなんかはオレより給料安い奴ばっかりで、「なに偉そうにしてんだよ」って思ってたな。

――当時も実家から職場に通ってたんですか？

オレ、今までひとり暮らししたことないよ。だから家に金は入れてたんだけど、それでも自由に使える小遣いはけっこうな額があるじゃん。バカだからさ、20万持った中学生みたいなのだからね。そりゃAVとかガンガン買うよな。

――当時はAVもけっこうな値段ですよね？

1本1万円以上はした時代だからね。オレってAVは創成期から観てるのよ。音楽も映画も物心つく前からあるものだけど、AVだけは出始めから今の今までずーっと観てるな。当時まだ周りの奴はビデオデッキなんて持ってない頃にすぐに買ったんだよ。ま、最初はベータだったんだけどね。

――最初ってソフトは何を買ったか覚えてます？

覚えてるよ。当時名画座とかでも全然上映しなくて、ずーっと観たかった『ジュ・テーム・モワ・ノン・プリュ』[11]ってゲンズブール[12]の映画だね。

――最初に買ったAVって覚えてますか？

その頃はまだAVってなくて、ポルノ映画ぐらいなんだよ。三崎奈美[13]っていう女優さんが出てるポルノ映画かな。今観たらまったくヌケないだろうけど。その後はとにかく裏ビデオ買いまくって衝撃受けたのを覚えてるな。ちょっと話がズレるけど、オレ今でもそうだけど昔からレンタルじゃなくて買い派だったんだよ。

注11　『ジュ・テーム・モワ・ノン・プリュ』
1976年に公開されたフランス映画。ミュージシャンであり俳優でもあるゲンズブールが、妻ジェーン・バーキンを主演に監督デビューを果たした作品。ゴミ処理車で働くホモカップルと、スナックのウェイトレスとの三角関係を描いた異色作。

注12　ゲンズブール
1960〜70年代、反体制的な作風で人気を博したフランスの歌手・俳優のセルジュ・ゲンズブールのこと。

注13　三崎奈美
1977年、キカイダー役の伴直弥が変質者を演じたことで有名な『処女監禁』でデビュー。数多くの日活ロマンポルノで活躍した女優。

——そこにはこだわりがあるんですか？

自分がものづくりをするんで、作った人にリスペクトを込めてちゃんとお金がいくようにキッチリ金は落とすって決めてるのよ。だから貸レコードとかもイヤでさ。とにかく金があると好きな物につぎ込んできたね。

——その頃ってどんな音楽を聴いてたんですか？

専門学校時代ぐらいからハマってたニューウェーヴって、ある時期からディスコと変わらなくなるっていうかさ。それこそ[14]デッド・オア・アライヴとか出てきた頃ってロックとはほど遠いっていうか、ボディコン姉ちゃんが踊ってるような音楽だなって思えてきたんだよ。[15]ＡＢＣっていうバンドとかも、なんかヤンキーが聴いてそうな音楽っつーか、最先端感がなくなったような気がしたのよ。で、80年代ぐらいになると日本でもパンクが盛りあがってきたんだよな。[16]ラフィン・ノーズとか、[17]ザ・ウィラードとかが出てきた頃よ。

——「インディーズ」と呼ばれていた時代ですよね。

そうそう。で、その頃には金もあるから、昔買えなかったパンクのレコードを[18]西新宿のレコード屋で買い漁ってたね。で、[19]ジェネレーションXとか、[20]ジョニー・サンダースの来日公演に行ったりとかしてたなぁ。だから、服装も新宿のアルタのなかにあった[21]アストアロボットっていう店で買いまくってたよ。金はあったから（笑）。[22]ローズ・オブ・ザ・ニュー・チャーチが好きでさ、あいつらが[23]ジョンソンズってとこの服を着てたんだけど、それを真似してイギリスのロッカー

注14　デッド・オア・アライヴ
1980年に結成されたイギリスのニューロマンティックバンド。1980年代後半から1990年代前半にかけてのディスコ・ブームに乗り、バブル真っ只中だった日本でも絶大な人気を得た。

注15　ＡＢＣ
1980年に結成されたイギリスのニューロマンティックバンド。ダンディかつきらびやかなジゴロ的イメージ戦略で英米で大ヒットを放った。

注16　ラフィン・ノーズ
1981年に大阪で結成されたパンクバンド。ポップでハードなパンクロックサウンドは、パンクス以外にも広く受け入れられた。日本を代表するパンクバンドとして、現在も活動中。

注17　ザ・ウィラード
1982年に結成されたパンクバンド。ハードなパンクサウンドと、独特のルックスから、「日本のダムド」と評されることもある。ラフィン・ノーズ、有頂

ズ・ファッションだね。ラバーソールも履いて全身キメッキメだったんだよ。写植屋なのに(笑)。で、なにを勘違いしたのか、オレが出入りしてる代理店の男で会社辞めて写植屋になったバカがいるよ（笑）。オレを見て「カッコつけてフラフラしてればいいんだ！」って。ま、オレも相当頭悪かったけど、バカがいるもんだよな！

――ははははは！　でも、その頃から格好には相当気を使ってたんですね。

そうだな～。80年代ぐらいはよく高校生にスカウトされたよ。

――え！　どういうことですか？

完全にロッカーズ・ファッションで歩いてるからさ、「一緒にバンドやりません？」って声かけられるのよ。で、「オレ、もう20代後半だよ」って言うと「すみません！」って（笑）。

――ベビーフェイスだから同級生ぐらいだと思ったんでしょうね。

で、「どんなバンドやってんの？」って聞くと、たいてい「ダムドとジェネレーションXのコピーやってます！」って頭悪い感じなんだよな（笑）。

天とともに「インディーズ御三家」と称され、1980年代のインディーズブームの中心的バンドとして高い人気を得た。幾多のメンバーチェンジを経て、現在も活動中。

注18　西新宿のレコード屋
西新宿には多数の輸入レコード屋や中古レコード屋があることで知られている。

注19　ジェネレーションX
1977年に結成されたイギリスのパンクバンド。メンバー全員のルックスの良さから、アイドル的人気を獲得。バンド解散後、ヴォーカルのビリー・アイドルはアメリカでソロ活動を続け、ポップスターとしての地位を確立、トニー・ジェイムスはジグ・ジグ・スパトニックを結成し、ストッキングを頭から被った奇抜なファッションで世間の度肝を抜いた。

注20　ジョニー・サンダース
1971年、デヴィッド・ヨハンセンらとともにニューヨー

頭ん中、余白と空想だけよ

——写植屋を辞めるキッカケってあったんですか？

ＤＴＰはまだ出てこないんだけど、電算写植[24]の時代になってくるんだよ。で、その頃に「あ、版下ってなくなるな」って思ったわけよ。会社的にはゆくゆくはコンピューターを導入して……って話も出てたんだけど、オレはメカが一切ダメだし、嫌いだし、そんなのやりたくねぇなって思ってね。

——当時の山口さんの最先端メカはビデオデッキですか？

今でもほぼそんなもんだよ。その頃はＡＴＭは使えないし、洗濯機とか炊飯器の使い方なんかは最近覚えたんだから。ちなみにビデオデッキの録画はいまだにできないね。あ、そういえばワンセグテレビ[25]の付いてるポータブルＤＶＤプレーヤーも持ってるな。映画もテレビもそれで観てるからすぐ壊れちゃうんだよ。

——それが今現在の山口さんの最先端機器ですか？

そうだよ。未来っぽくない？『ブレードランナー』[26]っぽくない？

ク・ドールズを結成。さらに、リチャード・ヘルらとともにジョニー・サンダース&ザ・ハートブレイカーズを結成と、パンク史に燦然と輝くキャリアを持つパンクロッカー。

注21　アストアロボット
ヴィヴィアンとマルコムが始めたセディショナリーズの服を取り扱う原宿の伝説的パンクショップ。

注22　ローズ・オブ・ザ・ニュー・チャーチ
1981年、元デッド・ボーイズのスティーヴ・ベイター、元ダムドのブライアン・ジェイムスの2人を中心に結成されたゴシック・ロックバンド。

注23　ジョンソンズ
イギリスのロック、パンクファッションブランド。50年代テイストを基本にしたデザインで、ファッションのジャンル別にLaROCKA!、MEX TEXなどのブランドネームがある。

——80年代の未来ですよ（笑）。

オレにはそのぐらいがちょうどいいな。だからそのプレーヤーをパカっとあけてAVを観てオナニーしながら、「こりゃ[27]サイバーパンクだな」って[28]ウィリアム・ギブスン感じてるよ。

——まったく意味が分からないですよ！　でも、山口さんが機械をまったく持たないのって、機械に弱いとかそういう次元じゃなくて、そのだいぶ前の段階の、メンドくさいからなんじゃないですか？

そうなのよ。嫌いなものとかメンドくさいと思うものとかを無理して取り入れないようにして生きてきたからさ。

——でも、スマホを持つのってたしかにメンドくさいですけど、大多数の人がその先の利便性を取るから、ちょっとしたメンドくささは超えるじゃないですか。スマホを持たないことの方がメンドくさいというか。

だからオレは童貞なんだと思うよ。メンドくささを超えたらセックスできるんだろうな。

——いまだ童貞であることの答えが見つかっちゃったかもしれないですね。

あと、頭の中は常にシンプルにしとかなきゃいけないっていう持論があって。そうじゃないとアイデアって出てこないのよ。

——頭の中に余白を作っておきたいんですね。

そうそう。オレ、常に余白だらけだから。だからオレ、なんにも知らないんだけど、もうそ

注24　電算写植
アナログ作業だった写植による組版作業を、コンピューターで行えるようにしたシステムのこと。

注25　ワンセグテレビ
アンテナを内蔵し、どこでもテレビを観ることができるポータブルテレビのこと。

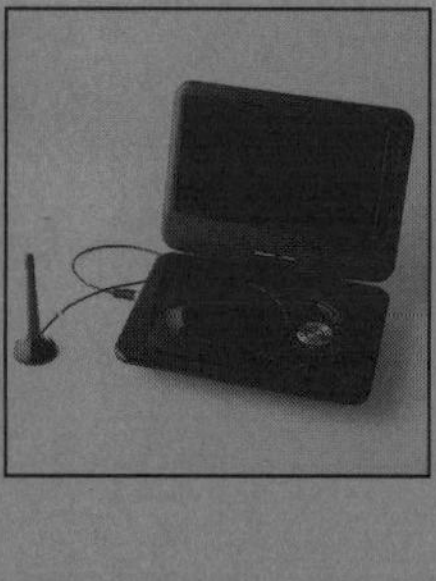

これが山口明愛用のポータブルDVDプレーヤー

れはそう決めて生きてきたからな。学校の先生にも、「お前は頭が悪いとか良いとか以前に、学習する気がなさすぎる」って言われてきたよ。

——子供の頃からなんですね。運転免許とかも持ってないですもんね。

無理だな〜。さっきの話とはズレるけど、オレ空想癖があるのよ。いつも頭の中で余計なことばっか考えてるから運転なんてできないよ。

——余白と空想でできてるんですね（笑）。写植屋を辞めた後って、今後どうしようか決めていたんですか？

そこはハッキリしてて、版下とかはなくなるだろうけど、デザインそのものはなくならないって気がしてたんだよ。だからまたデザイナーになりゃいいかなって、ずいぶん甘い気持ちで考えてたな（笑）。でもさ、31歳の時に写植屋を辞めたんだけど、そこからデザイン会社に電話しても年齢聞くと断られちゃうんだよ。たまーに面接してくれても、結局断られちゃったり。でも、そうこうしてたら意外と簡単に印刷会社のデザイン室に就職が決まっちゃったのよ。

——順調じゃないですか。

でも、2日で辞めたのよ。

——え！　バイトじゃないんだから！

合わなすぎてね。どっかの会社の会報のデザインをやってたんだけど、面白くもなんともない仕事じゃん。

注26　『ブレードランナー』
1982年に公開されたハリソン・フォード主演のSF映画。フィリップ・K・ディックのSF小説『アンドロイドは電気羊の夢を見るか？』が原作。退廃的な近未来を描き、サイバーパンクの代表作として、後発のSF作品に大きな影響を与えた。

注27　サイバーパンク
システムに対する反発や反社会性を持ったパンク的な視点で描かれたSF作品などを指す。

注28　ウィリアム・ギブスン
アメリカのSF作家。1984年に発表した『ニューロマンサー』で、サイバーパンクの牽引役として注目された。

——その後はどうしたんですか？

またフラフラしだすんだけど、家族と飯食ってても親父が怒りだしたりしてキツくなってきてさ。「また写植屋でいいか」って思って写植屋に面接に行くと、「明日から来ていいよ」って感じなのよ。でもそこの社長が「ウチに来てもいいけど、もったいないからデザイン会社をゆっくり探してどこかしらに入った方がいいよ」って言われて、「それもそうだな……」って思ったんだよな。だから毎週いろんな会社に電話してたよ。

嫉妬されて社長と険悪になっちゃった

——結局どのぐらいの期間、職探しをしていたんですか？

半年ぐらいかな。32歳になる年だよ。それで、デザイン会社と写植屋がくっついたような会社があって、面接に行ったら「すぐ来てくれ」って言われてさ。「前の会社は給料いくらもらってたの？」って聞かれたから、「30万以上はもらってた」って言ったら「半分でいいかな？」って。

——15万！

そうだよ！　しかもその会社の仕事場っていうのが小学館の近くにあって、漫画雑誌の中の単行本の広告とかプレゼントページとかのデザインをやってたのよ。オレそんなに漫画に興味なかったしちょっと迷ったんだけど、これで蹴ったらまた探さなきゃいけないから、「いいっすよ」って感じで軽く入っちゃったんだよ。そこがまたキツかったな～！

――キツかったってのは仕事内容ですか？

そうだね。デザインに関してはほとんど素人なんだから。しかも漫画の雑誌とかのデザインって独特じゃない。よく分かんなかったんだよ。だからデザイナーという仕事自体を辞めて転職しようかな、とかも思ってたりしたよ。本屋とかレコード屋には毎日のように行ってたから、そっちにいこうかな、とかね。最後のほうは社長と険悪になっちゃったし。

――どうしてですか？

小学館とか、出版社に届け物をやってたんだよ。で、行ってるうちに出版社の人と仲良くなるじゃん。それで、そのまま仕事をもらってきたりすることがあって、そのへんを社長が気に食わなくなったみたいなのよ。社長を通り越して勝手にどんどん出版社の偉い人と仲良くなっちゃったから（笑）。オレとしてはちゃんと営業してやってると思ってたんだけど、社長の個人事務所みたいなもんだったんで嫉妬されちゃったのよ。

――山口さんは誰とでも仲良くなれちゃう不思議なパワーがありますからね。

そこで、オレの人生の恩人と言える、『ヤングサンデー』の元編集長の熊田[29]（正史）さんって人と出会うんだよ。で、オレと熊田さんが密になりすぎて、「こいつはイカンぞ」って思っ

注29　熊田（正史）さん
P106参照。

たみたいだね。そのあたりから今でいう軽いパワハラみたいなこともあってさ。こりゃもう辞めるしかないかなって思い始めたんだよな。でも、歳も歳だし今さら就職はねぇな、ってことが自分でも分かってたし、もうフリーでやっていくしかねぇなって思ったんだよ。熊田さんも「辞めちゃえよ。俺がお前の仕事なんとかするから」って言ってくれてさ。

で、そのぐらいの時期に、写植屋時代に出入りしてた広告代理店のオッサンと偶然街で会ったのよ。そこで「会社辞めてフリーになろうと思ってるんですよ」って話したら、「巣鴨に事務所を借りてるんだけど、スペースが空いてるからそこに来ていいよ。家賃ちょっとだけでもいいし」って言われてさ。で、その事務所に一回遊びに行った時に「今いくらもらってるの?」「20万ちょっとです」「辞めちゃえよ。迷うことあるか?」って話をして、そりゃそうだな、と思ったんだよな。で、ほんとに辞めちゃったのが35歳になる年かな。

――流れに身を任せた感じですね。

オレはいつもそうだよ。会社辞める頃、周りのフリーの人に「どうやってフリーになったんですか?」って聞いてみたら、だいたいみんな「いや、自然の流れで」とか言うんだよ。そんなことねーだろ! カッコつけてんな~って思ってたんだけど、いざ自分のことになったらホントそうなんだよな(笑)。自然とそういう時が来るんだよ。

熊田さんとは一日中一緒にいたな

オレの人生には恩人と言える人がふたりいるのよ。ひとりが熊田さん。で、もうひとりは廣瀬[30]さん。

——廣瀬さんというのは現在、山口さんのTwitterやFacebookの代理管理人をやっている方ですよね。

で、熊田さんとは写植屋兼デザイン会社で働いてる頃、小学館に出入りしてる時に仲良くなったのよ。さっきも話したとおり、熊田さんは当時『ヤングサンデー』の編集長。で、オレに仕事くれるようになったんだけど、けっこうオーダーがめちゃくちゃでさ〜！　上條淳士[31]先生の『SEX』[32]って漫画の一色ページの広告なんだけど、「ここ一色なんだけどよ、カラーの感じでデザインしてくれよ」っていう（笑）。

——なんですかその注文！

で、オレがどうしたかっていうと、上條先生の綺麗な女の子の絵の顔をアップにしてスミ50％で製版して、口紅だけスミ100にしたんだよ。そうすると全体的にはグレーなんだけ

注30　廣瀬さん
P14参照。

注31　上條淳士
1983年、『週刊少年サンデー増刊号』掲載の『モップ★ハンター』で漫画家デビュー。代表作にインディーズ・バンドのリード・ボーカリストを主人公にした『TO-Y』などがある。

注32　『SEX』
1988年から『ヤングサンデー』で連載され、革新的な描写で大きな話題となった上條淳士の青春コミックス。

ど、口紅のところだけ黒くなるから一色っぽくなくなるんだよな。あとそのぐらいの時期に、レース関係の小冊子の仕事もくれたな〜。オレは車とかまったく興味ないんだけど、熊田さんが『赤いペガサス』[33]とか『Ｆ』[34]とか、車漫画の担当だったこともあって、その関係で来た仕事らしいけど。

その頃はまだオレもデザインのことをよく分かってないから、ある程度熊田さんがディレクションしてくれて、高級感を出すやり方とかは熊田さんから教わったのよ。ちょっと専門的な話になるけど、印刷の色って基本的にはＣＭＹＫ（シアン、マゼンタ、イエロー、ブラック）の、四色の掛け合わせなんだよな。で、例えば赤だとＹ１００％とＭ１００％なんだよ。でも、熊田さんは「そこにＫを20％とかＣを20％入れて濁らせるとイイよ」って教えてくれたんだよ。そうすると、ちょっと地味だけど渋い色味になって高級感が出るのよ。

フリーのデザイナーになった30代後半か40歳ぐらい？
LA ROCKA! の革ジャンで“きめてやる今夜”（山口・談）

注33　『赤いペガサス』
1977年から『週刊少年サンデー』で連載された村上もとかによるレーシングコミックス。レーシング界で実際に起こった出来事や実在の人物を登場させ、当時日本ではマイナーだったF1の世界を世間に認識させた。

注34　『F』
1986年から『週刊ビッグコミックスピリッツ』で連載された六田登によるレーシングコミックス。強烈な登場人物が物語狭しと暴れまわり、親子の確執をルサンチマンたっぷりに描いて大ヒットした。

――そこまでわかってるって、すごい編集者ですね……。

そうだよな。「デザイナーって派手な色を使いたがるけど、やめたほうがいい」って熊田さんに言われたのは覚えてるな。ホントにそうで、昔のアメコミのデザインとかポスターのデザインって鮮やかなイメージがあるけど、意外と色は渋いの使ってるんだよな。でも、最初のうちは苦労したよ。今みたいにMacもないから事前にどんな色が出るか分からないからさ。

――色校があがってくるまで分からないですもんね。

そうそう。頭の中でシミュレーションするしかないから。だから色校が出るのが怖かったんだけど、逆にいうと今ってそういう楽しみがないから面白くねーだろ？　当時『ヤングマガジン』の人に、『ヤングサンデー』の色合いが真似できない」とか言われたのを覚えてるよ。ものすごく美術的な素養がある人で、オレとかにも「デザインの本なんかは読まなくていいから、とにかく画集を見ろ」って言われたな。

――ふたりでしょっちゅう会ってたんですか？

フリーになってからは一日中一緒にいたな～。朝、オレの事務所に「お茶飲もうぜ」って電話かかってきて、茶に行くじゃん。そうすると昼になって、「飯食いに行こう」って昼飯食って、昼飯食った後はまた「お茶飲みに行こうぜ」って喫茶店へ行って、そしたらすぐ晩飯の時間がきて「食おうぜ」って飯食って……（笑）。

――付き合いたてのカップルもそこまで一緒にいないですよ。

そうだよなぁ。熊田さんがその頃ヒマな部署に飛ばされてたらしく、全然仕事なかったみたいなんだよ。で、やることないんでずーっとオレとダラダラしてたんだよな。

——熊田さんとはどんなお話をしていたんですか？

真面目な話ばっかりよ。よく言ってたのが、「漫画は所詮子供向けとか言われるけどよ、子供向けだからって安っぽく作るのはダメだ。今の子供はイイモン見て育ってるから、ダサいものは通用しないぞ」って。当時、「漫画のデザインなんてちょっとダサいぐらいの方が売れる」って言うデザイナーが多かったのよ。ゴチャゴチャしてるようなね。でも、熊田さんは「洗練されてないとダメよ」って。あと熊田さんからよく言われてたのが「山口、付き合う奴は選べよ」って。「ダメな奴と付き合ってるとお前もダメになるから、ちゃんとしてる奴と付き合え」って。悪いオッサンだよな～（笑）。

「お前には狂気がある」って言われたよ

——なんで気に入られたんだと思います？

分かんないな～。ロックとかも全然好きじゃないみたいだし。……なんとなく破綻してる人が好きだったんじゃねーかな？　出版の業界って、いい意味でも悪い意味でも破綻してる奴ほど喜ばれたりするじゃん（笑）。破綻してる奴とかに可能性を感じたりさ。漫画家でも、巨匠ほど電話なんかには一切出ないし、家に直接行ってもいないぐらいのが当たり前っていうか。熊田さんはそっちのほうがいいんじゃねーかな。

よくオレに言ってたのが「山口、男がモテる条件は3つしかないんだよ。金、権力、才能よ。金っていっても年収一千万とかじゃダメよ。それこそ一部上場の社長レベルよ。権力も、政治家とかそれぐらいじゃないとダメ。才能も、作家とか画家とかぐらいのレベルじゃなきゃダメだぞ」って。

——ハードル高いですね！

で、熊田さんが言うには「俺みたいに金も権力も才能もない奴はどうしたらいいかって話なんだけど、これはもうコジキになるしかないんだよ。そうすっと哀れんで女も寄ってくるんだよ」って話をしてたな（笑）。で、オレには「山口の場合はよ、お前は才能というか、狂気があるよ。狂気ってのもこれまたモテるのよ」って言ってたよ。でも全然モテねぇじゃねーか（笑）。

——はははは！　でも、そういう先輩だと「お前風俗行くぞ」とかはなかったんですか？

ないんだよ。それがないのが熊田さんのいいところでさ。熊田さんはよく「天才ってのは童貞だ」って言ってたな。あと「セックスばっかりしてる奴はダメ」とも言ってたよ。そのくせ熊田さんは女癖が悪いんだけどね（笑）。で、オレが「熊田さんはセックスばっかりしてるじゃねーか」って言うと、「いやいや俺なんかはオナニー野郎よ」って。で、熊田さんの部下で優秀な人がいたんだけど、その人は風俗ばっか行ってる人なのよ。で、そこを突いたら「いやいや、あいつの場合は女の体を使ったオナニーだからいいのよ。ケツの穴に入れたりするんだから。あんなのセックスじゃねーだろ」って（笑）。

——分かりにくいけど、すごくよく分かります（笑）。

そうだろ？　オレも思うけど、どんな業界でもキャバクラとかクラブとかに行きまくってる奴とかいるじゃん。そんな奴は仕事ができない奴だよ。仕事できる奴はそんなとこに行く時間がないもんよ。今思い出したけど、別の出版社で有名な敏腕編集者のKさんっているじゃん。

——あ、漫画にもなってる人ですね。

あの人が会社で問題起こしちゃった時に、熊田さんは即「ウチに来ねーか？」って声かけに行ったんだよ。で、その時にKさんが「みんなキャバクラとか行っててどうしようもない」みたいな話してたらしいよ。Kさんは作家とファミレスばっかり行ってるって話をしてたな。でも、熊田さんは一方で冷たくて有名な人だったのよ。周りの人が、「熊田さんはダメになると急に冷たくなったりするから、山口さんも気をつけてね」とか言われてたんだけど、オレはそんなことなかったな。

——いまだに付き合いがあるんですか？

あるよ。たまにトンチンカンな電話がかかってくるよ（笑）。熊田さんのイイ話があるんだけどさ、上野の中田商店に行って、東ドイツ軍の現在の軍服買ってきて、それを自分で第二次世界大戦の時の軍服に改造したりしてたのよ（笑）。

——熊田さんにも狂気を感じますよ！

会社の忘年会の時も、編集者が各々プレゼントを用意してきてビンゴ大会とかするじゃん。あれで熊田さんが持ってきたのがナチの軍服一式だよ！

——アウト！

しかもそれが女の子に当たっちゃってさ〜！　なんにも嬉しくねーじゃん（笑）。ホント、狂ったオッサンだよ。

でも、スッゲーお世話になっちゃったな。オレが会社辞めてフリーになる時も10万円くれたしね。熊田さんは漫画家もいっぱい育ててるけど、オレみたいにデザイナーとかも育ててたんだよな。あの人がいなかったら今のオレはいないよ。たぶん、オレは熊田さんがプロデュースした傑作のひとつだと思うよ。まだなにもお返しできてないんだけどね！

The Cherry Cultural Elements
That Make GUCCHI's Style

山口明を構成するチェリーカルチャー

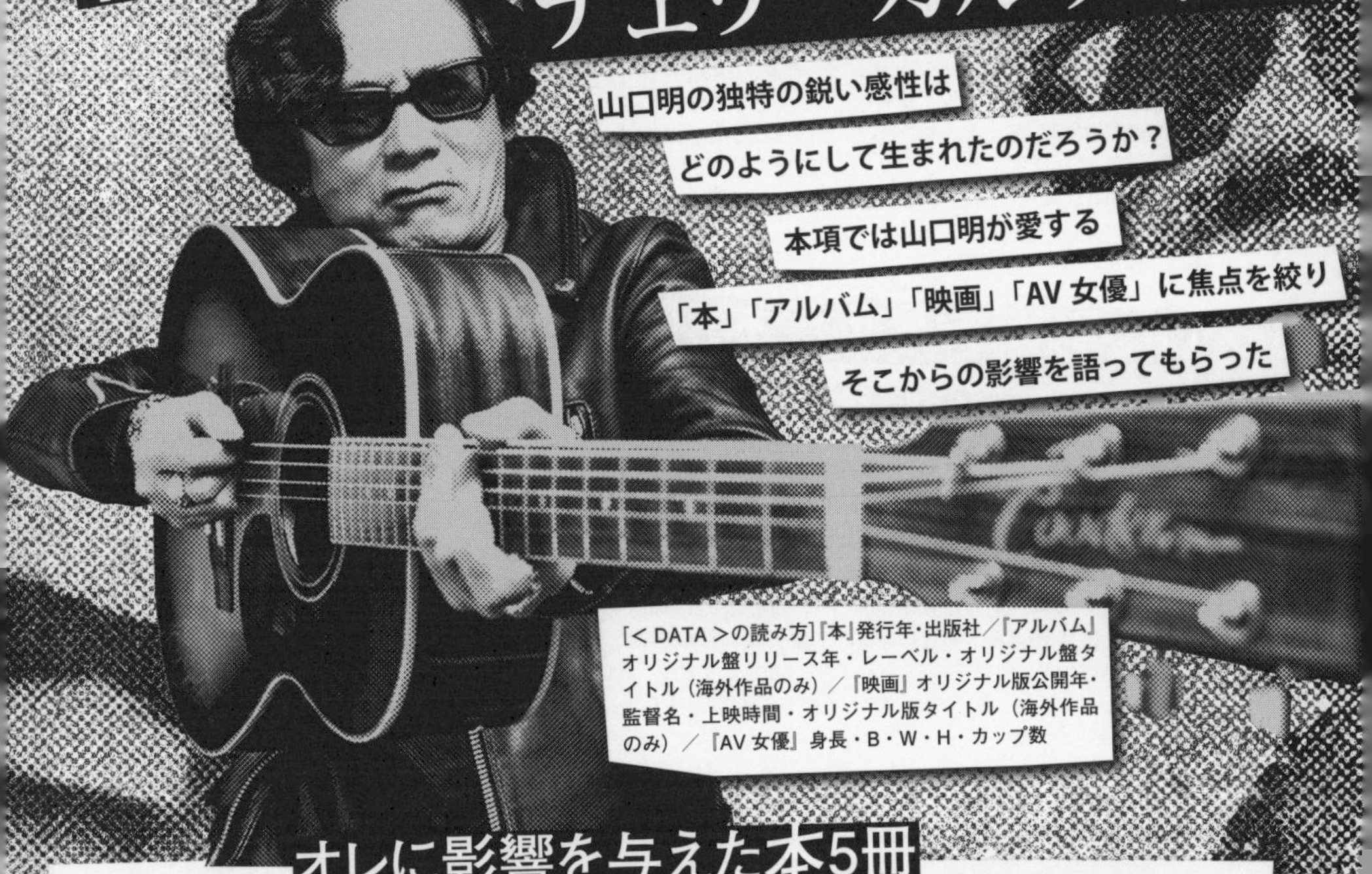

山口明の独特の鋭い感性は
どのようにして生まれたのだろうか？
本項では山口明が愛する
「本」「アルバム」「映画」「AV 女優」に焦点を絞り
そこからの影響を語ってもらった

[＜ DATA ＞の読み方]『本』発行年・出版社／『アルバム』オリジナル盤リリース年・レーベル・オリジナル盤タイトル（海外作品のみ）／『映画』オリジナル版公開年・監督名・上映時間・オリジナル版タイトル（海外作品のみ）／『AV 女優』身長・B・W・H・カップ数

オレに影響を与えた本5冊

なぜぼくはここにいるのか

横尾忠則

オレが高校 1 年の夏休みにこの本に出会い、本当に夏休み中に何回も読んで、将来グラフィック・デザイナーになろうと決心した 1 冊。この本に出会ってなかったらデザイナーの自分は、多分存在しなかった。UFO とかスピリチュアルなことに興味を持ったのも、この本の影響。

＜ DATA ＞ 1976・講談社

メイプルソープ

パトリシア・モリズロー
田中樹里 訳

パティ・スミスに捨てられてゲイになった（?）メイプルソープ。胃けいれんと下痢に苦しみながらも、スカトロ・プレイなどの変態セックスがやめられない。「セックスだけが生き甲斐なんだ」と語り、そして異常なまでの成功願望。一線を越えた悪魔に魂を売り渡した写真家のスキャンダラスな凄まじい生涯。普通の幸せ求めるなら芸術は諦めろよ!! ということを自分の体を使って表現していたんでしょうか？

＜ DATA ＞ 2001・新潮社

腕一本

藤田嗣治

14 歳の時に秋田の美術館で見た藤田嗣治の作品に不思議な魅力を感じ興味を持つも、当時（1974 年）、いわゆる戦争画を描いた影響がまだあったのか？ 評価のない忘れられた画家みたいな感じだったのか？ 本屋に行っても画集も評伝みたいな本もない状態。あれから 44 年後の今、藤田嗣治の画集、評伝、ムック、特集された雑誌など数々の書籍が本屋に並んでいる、こんな光景を想像することができなかったなぁ～。もしかして今ブームなんですかね。昭和 11 年に発行されたこの本、オレが 24 歳の時に当時の形をそのまま再現して復刻されたんですけど、装丁、挿絵、本文の文字組、とにかくすべてがカッコよくて、まるで本というよりオブジェですよ。出版不況といわれる今、こういう魅力ある造本って大事なんじゃないの。今の電子書籍の読み放題って、本当に豊かなことなんですかねぇ～。ピカソ、マチス、アポリネールなんかとの交友とパリでの生活って、当時の日本人にとっては貴重な情報だったんでしょうね、というか今でいうセレブだよね。あと日本人が海外で成功するにはカワイイを武器にした方がいいということを学んだなぁ～。作品もカワイイけど、本人もカワイイんだよね。

＜ DATA ＞ 1936・東邦美術協会

墓に唾をかけろ

ボリス・ヴィアン

アメリカの新進黒人作家の小説をボリス・ヴィアンが翻訳したとして1946年にフランスで発売され、大ベストセラーになるも激しいセックス＆バイオレンスな描写が問題になり発禁!!　しかしこの小説、翻訳ではなくて、実はボリス・ヴィアン本人のオリジナルだった……って、この話が小説より面白い。ボリス・ヴィアンは39歳で死ぬまで、作家、画家、俳優、歌手、トランペット奏者など20以上の分野で活躍したマルチな人。今の時代に求められる生き方って、こんな生き方でしょう。もう肩書きで生きていく時代は終わるよ。そんな意味でも今、ボリス・ヴィアン再評価されてもいいんじゃない。

＜ DATA ＞ 1967・二見書房

都心ノ病院ニテ幻覚ヲ見タルコト

澁澤龍彦

澁澤先生の本はいろいろと読んでいるのですが、最後のエッセー集を選んでみました。この本の中で文献をせっせと筆写していた南方熊楠について、「コンピューターを駆使したりワープロをあやつったりする今日の学者たちとくらべて、なんという相違か」と言っていて、これって今のお手軽なネット文化みたいなことを30年くらい前に予言してるよね？　ヤバイ!!　澁澤先生ってオレと同じですごいメカ・オンチで、テレビの点け方が分からなかったような人だったみたいよ。絶対に時代に迎合しない反時代的な生き方を貫くことと、グラサンをかけるということを澁澤先生にオレは学んだかなぁ～やっぱ男は美学ないとだめだよね。

＜ DATA ＞ 1990・立風書房

オレに影響を与えた本5冊

オレに影響を与えたアルバム5枚

エルヴィス・プレスリー登場

エルヴィス・プレスリー

オレが生まれる4年前の1956年にリリースされたエルヴィスの処女作。もうロックン・ロールは、ここで完成されていたんだよね。処女作をあえて童貞作と言わせていただきたい!!　なぜならエルヴィスって豪快なエピソードも多いのですが、童貞的なエピソードもなかなか多く、女性の着替えを覗くのと目の前で好みの女性にキャット・ファイトさせるのが趣味で、特に白いパンティーのワキからハミ出る陰毛に興奮!!　って、ただの変態？　セックスそのものには興味が薄かったみたいよ。あとエルヴィスってスゲー短小だったらしいのよ、ミー・ツーなオレは本当に他人とは思えません。リトル・エルヴィスに乾杯!!

＜ DATA ＞ 1956・RCA Records・『Elvis Presley』

動乱（獣を野に放て）

ザ・クラッシュ

実はオレがパンクに目覚めたのは、このアルバムなんだよね。このアルバムの前に当然ピストルズとか聴いてたけど、当時そんなにピンとこなかったんだよ。とにかくこのアルバム聴いてカミの毛を短くしたんだから。「セイフ・ヨーロピアン・ホーム」とか「トミー・ガン」とか景気のいい曲もいいけど、「ステイ・フリー」のユルさもいいよね～。最近オナニー時に中折れするオレのチンポみたいな、フニャけたミック・ジョーンズのヴォーカル最高!!

＜ DATA ＞ 1978・CBS Records・『Give 'Em Enough Rope』

アフターマス

ローリング・ストーンズ

オレが高校生の時に初めて買ったストーンズのアルバム。当時あえて10年くらい前のストーンズ聴いてるのって、かなりズレたセンスだったと思うけど、当時からズレてたんだね～。当時、ゴダールの『ワン・プラス・ワン』とドキュメンタリーの『チャーリー・イズ・マイ・ダーリン』とかの映画を観て、ブライアン・ジョーンズのカッコよさにヤラれたんだよね。今もブライアンのいた初期のストーンズが好きなんだけど、このアルバム、「アンダー・マイ・サム」や、ラモーンズもカバーしている「アウト・オブ・タイム」とか名曲揃い!!

＜ DATA ＞ 1966・DECCA Records・『Aftermath』

ルースターズ

The Roosters

ストーンズとパンクの融合……オレが妄想する最高のロック!!　そんなバンドの登場に当時大興奮。ライブもよく行ったなぁ～。硬派感バリバリのルースターズに、オレの硬派魂もどんどん磨かれて、その後、オレの童貞はどんどん更新されることになるわけなんだよね。同時期にデビューした、やっぱり「めんたいロック」のバンド、ロッカーズも大好きでした!!　博多のバンドって、みんなカッコいいよね。当時ニューヨークで活躍のハートブレイカーズやラモーンズに負けないカッコよさだよ!!

＜ DATA ＞ 1980・日本コロムビア

L.A.M.F.

ジョニー・サンダース＆ハートブレイカーズ

ジョニー・サンダースは20代からず～っとオレのロックン・ロール・ヒーロー!!　とにかくすべてがカッコいいよ。このアルバムの「ボーン・トゥ・ルーズ」はオレの人生のサウンド・トラック!!　童貞のオレは生まれついての負け犬、そして童貞以外のすべてを失うために生まれてきた!!　だけど、肉ドスだけは磨いているぜ……というのはオレの細やかなパンク魂。磨いているというか、シゴいているのかな～。そしてシンデレラのガラスの靴のようにオレの肉ドスがピッタリと収まる肉鞘を股間にお持ちの女性に、「I WANNA BE LOVED」です!!

＜ DATA ＞ 1977・TRACK Record・『L.A.M.F.』

オレに影響を与えた映画5本

卒業
14歳の時に観たアメリカン・ニュー・シネマの、というか、童貞映画の傑作。当時観た時は、この映画の有名なラストはハッピーエンドと思っていたけど、最近44年ぶりに観てみたら、これってハッピーエンドじゃないよね？　熟女趣味と童貞喪失には気をつけないと人生を台無しにするぞ、ということを学んだ映画。
< DATA > 1967・マイク・ニコルズ・107・『THE GRADUATE』

好奇心
モダン・ジャズをバックに、倦怠感たっぷりに描かれる少年の性の目覚め……ルイ・マルの自伝的童貞映画？　主人公が女とヤって朝帰りするラスト・シーンも有名ですけど、女と一発キめて、朝帰りして、家族と顔を合わせると気まずいということを学んだ映画。だからオレはそんなことはしません。
<DATA>1971・ルイ・マル・118・『LE SOUFFLE AU COEUR』

スーパーバッド 童貞ウォーズ
オレの中の童貞映画の最高峰。下品でバカで、そして切ない……。こんな映画が、なぜ日本では作れないんでしょう？　若い男の俳優いっぱいいるのにね〜。男は女を好きになったり、付き合ったりすると、たとえSEXしなくても何か大事なモノを失うということを学んだ映画。というわけでオレは、まだ大事なモノを失っていませんよ〜。この映画の主人公たちは、みんな童貞のままなのに、なぜか切ないそんなラスト・シーンが最高!!
< DATA > 2007・グレッグ・モットーラ・113・『SUPERBAD』

ガラスの墓標
19歳の時にテレビで観て、とにかくセルジュ・ゲンズブールとジェーン・バーキンのカッコよさ、そしてスタイリッシュな映像と音楽にシビれた!!　90年代にリバイバルされた時も映画館に観に行ったし、DVDも買ったりしたなぁ〜。男のカッコよさは見た目ではないということと、貧乳の女も時にはエロいということを学んだ映画。
< DATA > 1969・ピエール・コラルニック・97・『CANNABIS』

スカーフェイス
テーブルの上の大量のコカインの代わりに、部屋の中に山積みになったアダルトビデオ。上等のスーツの代わりにクロムハーツ。ガッツと信用を武器に稼ぎまくり、ちょと遅れてやって来たバブルに調子に乗っていたオレは、トニー・モンタナの気分だった。でも、調子に乗りすぎるとすべてを失うということ、そして家族と友だちは大切にしろよ!!　ということを学んだ映画。調子に乗っていたオレは、その数年後に本当に童貞以外のすべてを失った……。しかし親の介護は、ちゃんとやってま〜す。
< DATA > 1984・ブライアン・デ・パルマ・170・『SCARFACE』

オレに影響を与えたAV女優5人

椎名ゆな
顔、スタイル、声……とにかくすべてがオレの好み。ここ数年の女優さんではベスト!!
< DATA > 158・88・58・85・E

穂花
何度か対談などで会っているんですが、とにかく本人スゲー美人!!　むしろ会ってファンになりました。
< DATA > 156・85・56・85・F

橘芹那
巨根の女装子としてデビューした頃からのファンでしたが、何と数年前にオッパイ大きくなってニューハーフとして再デビュー。しかし巨根はそのままって、嬉しいなぁ〜。
< DATA > 163・89・60・82・D

風間ゆみ
この人、本当に長い間お世話になってます。今でも観ると、ついつい抜いてしまうという……これってマジック？　カザマジックです!!
< DATA > 160・98・65・93・H

真梨邑ケイ
ジャズ・シンガーで映画やテレビで活躍していた人。なぜか50代くらいになってからAVデビューってビックリ。今も60歳でもAVに出演しているって、なんか勇気もらうよね〜。
< DATA > 165・85・59・86・D

スペシャル・インタビュー

熊田正史

Masahumi Kumada

デザイナー・山口明を語る上で決して外せない人物が、元小学館の熊田正史氏。一日中一緒にいた熊田氏が「天才デザイナー」だと語る理由とは？漫画業界のあるジャンルを作った山口明の偉業が初めて明かされる。

熊田　この本、よく企画が通ったね（笑）。

――みなさんに言われます（笑）。

熊田　でも、山口は天才なんですよ。この本をきっかけに少しでも山口を知ってもらえたら嬉しいよね。

――山口さんは自身を「熊田さんプロデュースの傑作」とまで言ってるんですよ。

熊田　いやいや、そんなことはないですよ。俺が山口にぶらさがって生きてきただけでね。山口がいたから小学館での編集者時代の半分を面白く過ごせたんですよ。編集者っていうのはさ、優れたライターか作家、そして優れたデザイナー、このふたつさえ掴んでりゃなんとか生きていけるっていうのが俺の信条でさ。しかし、ただ、ぶらさがるにしても、力のある奴にぶらさがらないと自分の首を絞めるじゃない？　その見極めが難しいだけで、編集者に必要な能力なんてそれぐらいだと思ってるんですよ

――「4色指定などを教えてくれたのも熊田さんだった」とも言ってましたよ。

熊田　そんな天才に「教える」なんておこがましいことは……。でも、ぶらさがって生きていくには、できる限りのお手伝いをしないといけないから。今でこそデジタルだけど、昔はデザインの仕事って原始的だったじゃない。他のデザイナーとの仕事で、色見本帳を見たりしてたから、「門前の小僧、習わぬ経を読む」でさ。なんとなく知ってたことを言ったりしたかもしれないけど、「教える」なんてそんな恐ろしいことはしてないですよ。

――出会った頃の山口さんはどんな感じだったか覚えていま

「困ったら山口のところに行って、お知恵を拝借してたんですよ」

すか？

熊田　今とほとんど変わらず、その頃から強烈な個性の持ち主というか。あと、彼は昔から才能があったんですよ。山口が勤めてたデザイン事務所に漫画の広告を頼んでたんだけど、どう考えても親分より山口のほうがセンス良くてね。基本的には漫画の次号予告なんてそこまで大きい仕事じゃないから、親分に「山口にやらせてやってよ」って言っても、そんなに嫌がらなかったんですよ。でも、そのうち山口に大きい仕事を頼みたくなって、親分の機嫌を損ねないように説得するのはずいぶん苦労しましたね（笑）。

――そういうこともあって、フリーになるのを後押しされたんですね。山口さんがフリーになってからは四六時中一緒にいたそうですね。

熊田　そうですね。その前に、『ヤングサンデー』の編集長をやってたんですけど、遊人さんの『ANGEL』という連載漫画で有害コミック騒動が起きたんですよ。

――89年の宮崎勤が起こした連続幼女誘拐殺人事件以降、「青少年に悪影響」だとされる漫画が数多く槍玉に挙がったんですよね。

熊田　そうそう、それで作家を守るために会社に楯突いたら会社ってのは執念深いもんで、その数年後に『ヤングサンデー』が週刊化された時に飛ばされちゃったんですよ。単行本をまとめるセクションに行かされちゃってね。で、会社にいてもやることなくて暇だし、冷たい目で見られるし、やる気も出ないじゃない（笑）。だから、山口のところに入り浸ってたんだよね。

――そうだったんですね。山口さんとはどんなお話をされてたんですか？

熊田　ほら、彼はアイデアマンでしょ。だから困ったら山口のところに行って、お知恵を拝借してたんですよ(笑)。例えば、私が単行本のセクションにいる時、漫画の単行本が売れなくなってるのを実感したんですよ。そこで、コンビニ向けに廉価版のコミックスを出してみようと思ったんですね。

――今でこそコンビニに廉価版コミックスが並んでるのは普

通の光景ですけど、あれは熊田さんが企画したものだったんですね！

熊田　仕事でやらされただけなんですけどね。当時、書店が立ち読みを嫌って単行本をビニールで包むようになってしまって、コミックス売り場に人がいなくなってたんですよね。で、書店のコミックス売り場にいるのは漫画が好きな人だけ、という状況になっていて、普通のお客さんはなかなか単行本まで買わなくなった。じゃあ、普通の人にどう漫画を売っていくかっていうのと、ちょっとでも漫画に接する機会を持ってもらえればと思っていたんですよ。で、絶版に近い状態になっているものを中心に、ワンコインで買いやすく。

――すんなり企画は通ったんですか？

熊田　いや、それが営業も編集部も猛反対だったんですよ。「書店が怒る」というのと、「通常のコミックスがますます売れなくなる！　たとえ絶版に近い状態でも注文がくることはある！」ということで。それだけ反対だらけの中で企画を押し通すには、山口の知恵をお借りするしかなかったんだよね。で、デザイン面で彼が、「その漫画自体をあまり知らない層が買うんでしょ。それってレンタルビデオ屋でビデオを借りる時に近いんじゃないの？」って言ったんですね。

――たしかに！　最初からお目当ての単行本を書店で買うのとはわけが違いますもんね。

熊田　そして「売り場も狭いから面出しはなく、ずらーっと並ぶ。それなら背表紙に分かりやすいキャッチコピーみたいなのを入れようよ」と。つまり内容を知らなくても雰囲気がつかめるよう情報量を多くする。で、「裏表紙は漫画の１ページを入れちゃって、内容が分かるようにしようよ」と。

――今では常識となっているフォーマットが、その時できたんですね。

熊田　最初は『めぞん一刻』『人間交差点』『美味しんぼ』『ゴルゴ13』とかかな。さすがに週刊ペースで出すから毎回山口ひとりでやってたわけじゃないけど、ビデオ・パッケージみたいに統一した全体のフォーマットを作ってもらったんですよ。その結果、初年度の売り上げが１億ぐらいかな。で、翌年になるとさらにその数倍。で、すぐに他社も追随してきたんですよ。山口のアイデアがなかったらあそこまでの成功はなかったと思いますよ。

——すごい……。NHKの『プロジェクトX～挑戦者たち～』を観ているような気分です（笑）。

熊田 彼はすごいんですよ。本当に天才。あの見た目と話し方で損をしてるけど（笑）。作家の中でも好きな人が多くて、山口に装丁をやってもらった作家で不満を口にしたのを聞いたことないですね。デザイナーとしてはもっと評価されてもよかったんじゃないかな。

——山口さんは「熊田さんに『お前には狂気がある』と言われた」って言っていたんですけど、どんなところに狂気を感じていたんですか？

熊田 ……他に褒めようがない人にはみんなそう言ってたんですが（笑）。でも、私も漫画編集者として多くの漫画家に接してきたけど、例えば楳図かずお先生なんかはものすごい狂気があるでしょ。それと似たようなものというかな。

——ちなみに山口さんが童貞であることは、わりと初期からご存じだったんですか？

熊田 どうだったんだろう……。やはり才能のある人って、わりとホモ的な人が多いじゃないですか。だから、特別気になるようなことはなかったですけどね。でも山口が不思議なのは、モテないわけじゃないでしょ。見た目もあんなんだし。いつだか、「なんでセックスしないんだよ？」って聞いたら、「人間の想像力というのは核爆弾を発明しちゃうぐらいすごいものなんだよ。そう考えるとオナニーっていうのは、そのすごい想像力を使える究極の場であり、大爆発の場である。セックスという小汚い現実よりも数万倍素晴らしい」って言ってましたね。俺は「小汚い現実の方がいいけどな」って言ったんだけど（笑）。

1947年、東京生まれ。小学館に入社後、『少年ビッグコミック』など数多くのコミック雑誌に携わり、『ヤングサンデー』『ビッグコミックスペリオール』の編集長を務めた。小学館退社後は京都精華大学芸術学部教授として教鞭を振るった。2014年にデジタル絵本制作会社、株式会社ZUBONを設立。

Photo：Kenta Nakano

第4章 カリスマデザイナー誕生

DO IT Cherry Style

世の中に自分を
プレゼンテーションするのは、
簡単そうで難しい

一発目の仕事は、気合い入れたよ

95年にフリーとして巣鴨に事務所を借りるわけだけど、最初の仕事がいきなり単行本の装丁だったのよ。熊田さんが部下に「山口に仕事をふれ」って言ってくれたみたいでね。担当の人はかなり不安だったろうな〜（笑）。しかもまだ電話も引いてなかったし、名刺も、買った机もまだ事務所に届かないうちに仕事がきちゃったのよ。

——すごいフライング。誰の単行本だったんですか？

今、山崎紗也夏[1]っていう名前でやっている沖さやか[2]先生の『ななコング』[3]っていう漫画だったよ。

——スタイル抜群なのに顔はブスで、しかも当人は自分のことをかわいいって思い込んでる女の子の漫画ですね。

熊田さんに「これハズしたらどうなるのかな？」って言ったら、「まぁ当分仕事こねぇだろうな」とか言うんだよ。そんなこと言われたらドキドキするよな（笑）。だからけっこう気合い入れたよ。この一発目が名刺代わりにならなきゃいけないし、ほかの人とはまったく違う感

注1　山崎紗也夏
1993年、『ヤングマガジンダッシュ』に掲載された『群青』でデビュー（沖さやか名義）した漫画家。山崎さやかに改名した後、2006年から山崎紗也夏名義に。

注2　沖さやか
山崎紗也夏の注釈参照。

注3　『ななコング』
スタイルは抜群だが、顔はかなりブスな女子高生（しかも本人はブスの自覚がなく、性格も悪い）を描いたギャグ漫画。

じにしないといけないし、それまでにないような漫画の単行本にしないといけなかったからね。

——好きにやらせてもらえたんですか？

そうだね。だいたい漫画のデザインのディレクションをする人って当時はあんまりいなかったんだよ。ほとんどの場合、先生が描いてきた表紙用のカットを大きく入れて、書名と先生の名前を大きく入れるだけっていうのがほとんどでさ。で、オレは新人も新人だけど、悩みに悩んでいろいろアイデアを出したのよ。でも、山崎紗也夏先生も当時新人で初めての単行本だったから、先生の絵自体もそこまで認識されてないじゃん。だからデザイン的に目を引く方がいいんじゃねーかって話になったのよ。で、漫画の内容が顔はブスだけど身体はエロいっていう女が主人公。それでオレが考えたのが、主人公のブサイクな顔の絵をでっかいお面にしたのよ。で、体はセーラー服を着た生身の女の子の写真を撮って、っていう。これは担当の人も先生も面白がってくれてさ。

——生身の身体って、グラビアアイドルの人とかで撮影したんですか？

いや、そこまでの金はないから小学館に出入りしてたバイトのお姉ちゃんに頼んでセーラー服着てもらったのよ(笑)。で、写真を網点でけっこう粗くして、文字も全部オレが手描きにして。

——全部手描きの装丁って当時としては珍しいですよね。

珍しかったよ。ふざけてんのか？　って感じだったろうな。よくいえば当時としては斬新だったと思うよ。一発目だったけど、やりきったね。ちなみに沖さやか先生の2作目の『マイナス』[4]

注4 『マイナス』
1996年から沖さやかが『週刊ヤングサンデー』で連載したサイコスリラー漫画。遭難した主人公の教師が、死んだ生徒を丸焼きにして食べるシーンが問題となり自主回収騒ぎとなった。

もけっこう評判良かったんだよ。

――黒板にチョークで描いたようなデザインのやつですよね。

そうそう。連載途中で人肉食描写が問題になって雑誌が回収騒ぎになったりしたんだけど(笑)。あの漫画は高校教師の話だから、近くの学校まで黒板の写真を撮りに行ったのよ。で、タイトルのまわりに落書きしてあるんだけど、それもオレが考えたんだよ。あんなふざけたデザイン、よく許してくれたよなぁ。

基本、来た仕事は全部やる

――その後も立て続けに仕事が来たんですか?

そうだね。最初っからめちゃくちゃ忙しかったんだよ。仕事なんてまったくないと思ってフリーになったのに、意外にもガンガン舞い込んできちゃったね。

――ほとんどが漫画の装丁ですか?

そうだね。あとコアマガジンの仕事とか、『マンガ地獄変』[5]とかもやったな。当時って出版バブルだったんだよ。95年にフリーになって、97年が出版バブルのピークだったらしいから、

注5 『マンガ地獄変』
1996年に水声社から出版された、植地毅、宇田川岳夫、吉田豪の共著による漫画研究本。それまで一部マニアにしか知られていなかったカルト作品を検証し、漫画研究本として新機軸を打ち出した歴史的な書籍。

どんなデザイナーでも仕事あったと思うんだよな。出版点数がとにかく多かったから。だからとくにオレが優れてたって話でもないのよ。たぶんね。オレより上にもデザイナーがいっぱいいて、そこが断った仕事がオレんところに来てたってのもあるかもしれないしな。

――あと、山口さんはいろんな出版社で仕事してますよね。

そうそう。大手はほとんどやってるんじゃないかな。まぁそれって倫理的に反するっていうのがあるんだけど（笑）。マイナーな出版社も、メジャーな出版社も、『BURST』[6]もやったりしてたからね。基本的には来た仕事は全部やるって感じだよ。でも、講談社とかは最初は紹介してもらって営業に行ったのよ。すぐに営業なんてやっても意味ねぇなって思ってやめたけど。

――営業ってどうやってたんですか？

自分がデザインした本を何冊か持っていって、飛び込みみたいなこともやったよ。でもまったく知らない編集者に会うっていうことはほとんどなくて、誰かに紹介してもらったりしてたな。そんで飯でも食いながらっていう。でも今ってそんな時代じゃないだろ？　特定の人に営業に行くっていうよりは、ＳＮＳとかで世の中全体に自分自身をプレゼンテーションしていくしかないじゃない。これは簡単そうに見えて逆にキビシイと思うな〜。それで認知されるって難しいよ。

――たしかにそうですね。そういうことをやってる人の数も多すぎて普通にやってるだけじゃ埋もれちゃいますもんね。

注6　『BURST』
90年代のサブカルシーンを駆け抜けた伝説的サブカル誌。パンク、バイカー、タトゥー、ドラッグ、死体などヤバいものだけで構成され、高純度の不良性感度に溢れた誌面が刺激的であった。

あと、オレがフリーになった頃って、編集者のレベルが高かったんだよ。どういうことかというと、当時の編集者って、なるべく自分でライターやデザイナーを発掘したいって思ってる人が多かったんだよ。今ってそういう発想で本とか作ってる人っているの？

——すでに一部で認知されてるような人を使うことが多いんじゃないですかね。

そうだろ。すでに有名な奴にしかいかないじゃん。でも当時の編集者たちは、デザイナーもライターも漫画家も、誰も使ってない人に頼みたい、自分で育てていきたいっていうのがあったんだよな。みんな志が高かったと思うよ。そういうのが業界全体になくなってきたのも仕事を辞めた理由だよ。一読者としてもつまんねーよな〜。

常に変わったことをやらないといけない

——フリーになって、晴れてデザイナーとして歩みだしたわけじゃないですか。これって小さい頃からの夢が叶ったことになりますけど、どうでした？

そうなんだよな〜。35歳過ぎてようやくだよ。デザイナーになってもたいして面白くねぇ仕事やってるんだろうなって思ってたけど、実際デザイナーになるとそんなことはなかったな。

まぁ、漫画のデザインっていうのは想定外だったけど、「漫画のデザインもダサくないように」っていうのは提唱できたんじゃねぇかな。

——グッチーさんの装丁って漫画の装丁っぽくないですよね。

それは意識的にやってたのよ。漫画の本はとくにそうだけど、なるべく普遍性のあるデザインを考えてたんだよ。書体もオーソドックスな明朝体とかで、英文も歴史あるフォントを使ったりしてね。5年ぐらい経って古くさくなるのはイヤだったからね。まぁ、本の内容によって使い分けてさ、『ビッグコミック』とか『スペリオール』とかの青年誌は大人が買うからわりと落ち着いたデザインにして、ヤング誌とかは目に留まるような尖ったデザインにしてたな。オレ、なんにも考えてないようで考えてたんだな（笑）。

——話しながら気づいちゃってるじゃないですか。色使いも、濃いめの赤や金が多いですよね。

そうそう。古びないし、本屋で並んだ時に目立つしね。あと安っぽくないでしょ。自分でもそうだけど、安っぽいデザインの本は買いたくないじゃん。熊田さんにもフリーになる前からそういう提案してたんだよ。装丁じゃないけど、漫画雑誌って最後の方に広告が入ってるじゃない。あれってなんにも面白くなくてさ。「最新刊●月発売」ってだけじゃん。そんな広告なんて意味ねぇから、熊田さんに「もうちょっと変わったことやれば目に留まるんじゃないですか？」って提案したのよ。例えば、漫画家の先生のミニインタビューみたいなことやってそれ自体を広告にするとか、そんなのを作ったんだよ。そしたら熊田さんが面白がってくれて、それからだんだん仕事をくれるようになったのよ。

――そうだったんですね！　今でこそ当たり前のようにあることですけどね。

多分オレが最初なんじゃねぇかな。あとね、漫画の広告なのに写真を使った広告とかも作ってたんだよ。山本英夫[7]先生の『のぞき屋』[8]って漫画では、黒い紙の真ん中に穴を開けて、その奥に主人公の目玉の絵を置いて、目玉の絵のピントをぼかして写真を撮って、そのまま広告にしたり。まだMacが出る前だから、「これどうやって作ったの？」ってよく言われたよ。ほかにも、漫画のコマをくり抜いて立体的にしてから写真を撮ったものを広告にしたり、とにかく暇だったから実験的なことといっぱいやったな～。

柏木ハルコ[9]先生の『いぬ』[10]って漫画の広告では、犬の安いぬいぐるみ買ってきてさ。それがゴミ捨て場に捨てられてる写真を撮って広告にしたりね。いろいろ変わったことやってたよ。でさ、その写真って熊田さんが撮ってきてくれるのよ（笑）。

――なに偉い人をコキ使ってるんですか！

あの人、写真が趣味だからさ（笑）。それに編集長を辞めて暇になってたみたいだから喜んでやってくれたのよ。

――そういう変わった広告って最初に就職した、新聞広告を作ってた頃の経験が生かされたりしたんですか？

そんなことはねぇな（笑）。あの頃は大した仕事やってなかったから。漫画の広告を作って

注7　山本英夫
1989年、『ヤングサンデー』に連載された『SHEEP』（原作・鷹匠政彦）でデビューした漫画家。代表作は『おカマ白書』『のぞき屋』『殺し屋1』『ホムンクルス』など。

注8　『のぞき屋』
1992年から山本英夫が『ヤングサンデー』で連載したヒューマンサスペンス漫画。依頼を受けて特定の人間の生活を覗く探偵の活躍を描いている。

注9　柏木ハルコ
1995年に『週刊ヤングサンデー』で連載された『いぬ』でデビューした漫画家。代表作は『よいこの星』『ブラブラバンバン』など。

注10　『いぬ』
飼い犬をバター犬にして糖尿病で死なせてしまうほど性欲の強い女子大生・清美を主人公に、女子の恋心とエッチをリアルに綴ったハートと下半身の放浪記。

た頃は、どんなアイデア出してもすんなり通った時代っていうこともあったし、オレも常に変わったことを考えてたな。95年ぐらいの『ヤングサンデー』はオレが作った変な広告だらけだったんじゃねーかな。

宇宙から電波をキャッチしてた

――山口さんのフリー時代の一日のスケジュールってどんな感じだったんですか？

オレ、出版業界のフリーランスにしては珍しく朝型なんだよ。朝8時には起きて、飯は食わずにコーヒー飲むぐらいにして、10時には事務所に着いてたな。で、そこからひたすら、下手したら一日中誰かと電話してたな～。ギンティくん[11]となんて毎日のように電話しててさ、「じゃあ、そろそろオレ帰るわ」って電話しかしてない日もあったな。よく「いつ仕事してんだ？」って言われたよ（笑）。

――ホントそれが聞きたかったんですよ。

オレね、集中力がすごいんだけど、続かないんだよ。だから短い時間で一気にやるって感じだったな。

注11　ギンティくん
ライターのギンティ小林のこと。P16参照。

——一冊の装丁にどれぐらいの時間をかけるんですか？

具体的にどれぐらいっていうと分かんないけど、一日二冊とかやってたよ。

——え！

Mac の時代になってデータ入稿が主流になってからは他の人にデータを作ってもらってたんだけどね。

——それでもすごく早いですよ。

オレね、まず考えないのよ。じゃないとあの量はできないよ。あと、ものすごい忙しかったんで、考えてたらデザインなんてできないんだよ。ほとんど何も考えずに自動書記っていうか、宇宙から電波をキャッチしてデザインしてた感じだな。

だいたい漫画って同じ日に発売だから、スケジュールが被るんだよな。で、人にデータを作ってもらってる時間に他の打ち合わせとラフをやったりしてたら二冊ぐらいイケんのよ。全部ひとりでやらないっていうことがよかったんだよな。

オレ、全部自分ひとりでやるっていうのもあんまり興味がないのよ。こう見えて意外にも共同作業が好きなんだよ。雑誌のデザインとかって、編集者との共同作業感があるじゃん。そういうほうが楽しいし、ちょっと人の力が加わったほうがイイもんできる気がするんだよな。

デザインも料理も、強火で一気に

――装丁する漫画って事前に読むんですか？

オレ、基本的に漫画は読まないんだよ。

――でも事前にゲラは送られてきますよね？

送られてくるし、例えばタイトルとかロゴを作る時はネームを読まされたりするんだけど、ネームが読めなくてさ（笑）。内容がよく分かってない状態でやっちゃったりしてたな。単行本の時も全然読んでないから、編集者に「どんな内容か話してくれよ」って喫茶店であらすじ聞いたりしてやってたよ。

――そんなに材料が少なくて大丈夫なんですか？

読んでやったら頭で考えたデザインになるじゃん。編集者のイメージを聞いて、あとはオレがタイトルを聞いた時の直感だな。それぐらいで作った方が、面白いものができる気がするんだよな。

あと、オレの持論なんだけど、なんでも時間かけたらイイのなんてできないよ。これは食い物も同じだと思っててさ。中華とイタリアンが好きなんだけど、強火で一気にパッと作るほうがイイのよ。ダラダラ時間かけたフランス料理なんて気持ちわりぃじゃん。デザインも時間かけていじくりまわしたってイイのはできるわけないよ。あと、自分に自信がない奴は余計なものを足しちゃってダメになるんだよ。熊田さんも言ってたな。「ダメなデザイナーは余計なこと足してっちゃうのよ。むしろ削っていけ」って。だからオレも、もうすぐ全裸で歩き回るよ。オシャレなんてやめて。

――それ、ただのボケ老人ですよ。とはいえ、良いアイデアがなかなか浮かばないってことはなかったんですか?

オレ、アイデアが涸れたりとかないのよ。デザイナーになったのが遅いじゃん。35歳までインプットだけで、アウトプットしてなかったから溜まりに溜まってたっていうのもあるんだろうな。あと、下積み時代とかはなかったけど、写植屋の頃から画集とか写真集、美術関係の本を買いまくってたのでそれがよかったっていうのもあるかもね。周りの奴には「デザイナーでもないのに、そんな写真集やらアート本を買ってどうするんだ」って馬鹿にされたけど、今思えば勉強になってたんだな。

ちなみにアイデア出しは事務所に行くまでの時間だったな。行き帰りって大事でさ、駅まで歩いて15分、電車に乗って30分、この時間の中でアイデアが頭の中に浮かんで、それを事務所で具現化するって感じだったね。よく「クリエイターは脳に刺激を与えるために毎日違うコースで帰ったほうがいい」とか言う人いるけど、あれはダメだな。毎日寸分違わないコースで、同じ場所、同じ道を歩いて、同じ時間の電車、同じ車両に乗っていったほうがオレにはよかったな。余計な情報が入ってこないから。

――なんとなく山口さんがクレイジーな理由のひとつが分かりましたよ。

え？　そうなの？

40代頭、クロムハーツMAXの頃。遅れてきたバブル？（山口・談）

愛読誌は『ギャルズライフ』

あとさ、インプットの話とつながるかもしれねーけど、昔っから本屋には一日一回は行くようにしてるよ。ネットとかやらないから、情報収集だよ。だいたい立ち読みだけどね。

——週刊誌ですか？

週刊誌も読むけど、自分がまったく興味ないジャンルの本も読むよ。女性ファッション誌とかね。

——え！　それはエロ目的とかですか？

違うよ！（笑）。知らない情報を集めるのよ。女性ファッション誌って服以外の流行を紹介したりするのが早いからね。オレ、とにかく雑誌が大好きなんだよ。オレが学生の頃は男向けの雑誌ってなくてさ。男向けのファッション誌なんて『MEN'S CLUB』[12]と『Checkmate』[13]ぐらいしかなかったんだよ。ファッション誌以外だと、『週刊プレイボーイ』と『平凡パンチ』[14]ぐらいか。

でも、男向け雑誌の内容って、車とスポーツとギャンブルぐらいなわけじゃん。で、女性向

注12　**『MEN'S CLUB』**
創刊当初からトラディッショナルなスタイルを提唱している男性向け月刊ファッション誌。

注13　**『Checkmate』**
1974年、講談社から創刊された男性向け月刊ファッション誌。1999年休刊。

注14　**『平凡パンチ』**
1964年、平凡出版（現マガジンハウス）から創刊された男性向け週刊誌。週刊誌として初めて女性グラビアを掲載したことでも知られる。1988年休刊。

注15　**『an・an』**
1970年、女性版『平凡パンチ』として平凡出版から創刊された女性向け週刊誌。創刊当初からヌードを載せ、90年代にはセックス特集を組むなど、ブレしない編集方針を持つ。誌名の名付け親は黒柳徹子。

注16　**『mc Sister』**
1966年、婦人画報社（現ハースト婦人画報社）から創刊され

け雑誌は、映画とか音楽とか文化面が強いのよ。オレは車も野球もギャンブルもまったく興味ねーから男の雑誌がつまんなかったんだよな。

ちょっと話が飛ぶけどさ、今の日本ってまた全体主義の感じがあるじゃない。あれが昔っからイヤな感じしててさ。オレが若い頃、とくに80年代もそんな感じだったのよ。聴く音楽はテレビで流行ってるやつで、みんなが同じドラマを観て、マイカーでスキー行ったり、テニスやったり、カフェバーで酒飲んでディスコ行って……女が「車持ってない男は男として一人前じゃない」とか言う時代だったんだよ。車持ってないからモテるわけねーじゃん。でも、オレは思うのよ。車なんかでモテたってしょうがねーだろ?

――「男はステゴロじゃないとダメ」って言ってましたもんね。そのわりには全身クロムハーツにしたり、服に金はかかってますけど(笑)。

下手したら車以上に金かかってるからな～。でも、そこはちゃんと区別はあってさ。自分自身をチューンアップするのはイイのよ。そのかわり、モノには執着しないね。

で、話を戻すと、オレが愛読してた雑誌って『an・an』[15]とか、『mc Sister』[16]とかなのよ。あと高校生の時は『ギャルズライフ』[17]って雑誌を買ってたな～。大好きで学校で読んでたらクラスの女に「オメー気持ちわりぃな」って言われたのを覚えてるよ。でも、『ギャルズライフ』って当時相当とんがってる雑誌でさ。ルースターズとか知ったのも『ギャルズライフ』だし、森田じみい[18]さんっていう、『DOLL』[19]の編集長だった森脇美貴夫[20]さんの元奥さんが漫画描いてたん

た10代少女向け月刊ファッション誌。専属モデルはシスターモデルと呼ばれ、mcSistersというグループ名でCDをリリースしたことも。2002年休刊。

注17　『ギャルズライフ』
1978年、主婦の友社が創刊したヤンキー女子向け月刊誌。「水商売ママが教える男の扱い方」や「ドキュメント10代愛人バンク」など尖った記事と写真を掲載し、男女共に楽しめる内容であった。1984年には『ギャルズライフ』含め5誌が、衆議院予算委員会から名指しで「性欲雑誌」と糾弾されたこともある。1984年休刊。

注18　森田じみい
ロック色の強い漫画を、『劇画アリス』『ギャルズライフ』などで発表していた漫画家・音楽評論家。

注19　『DOLL』
『ZOO』を前身に、1980年に創刊されたパンク雑誌。2009年、惜しまれつつ休刊した。

だよな。あと「ニフティフラッシュ」っていう松尾多一郎[21]さんの連載とか、けっこう面白かったのよ。映画の『不良番長』シリーズを紹介したり。あと松尾さんは『POPEYE』[22]でもCRASS[23]とかDISCHARGE[24]を紹介してたりしてたな〜。でさ、長年雑誌を読んでると、ある時から女性向け雑誌のフォーマットで男性向け雑誌を作りだしたんだよ。『メンズノンノ』[25]とか、『POPEYE』も『an・an』が元になってるしな。だから年々、世の中の男がオレに近くなってきてるのを感じるよ（笑）。オヤジ的な文化はもう終わってくだろうな〜。

クロムハーツの店員に間違えられた

——フリーになった途端に忙しくなっちゃったわけですけど、そのぶん月収とかは跳ね上がったわけですよね？

そうなんだよ。下手したらそれまでの5倍ぐらいなんじゃねぇか？　だけど車にも興味ないし、酒も飲まない、ギャンブルもやらない、女にも興味ないんだから相変わらず大金持って歩いてる中学生よ。

——使い道はだいたいAVと服ですか？

注20　森脇美貴夫
元『DOLL』編集長・音楽評論家。現在は森脇みきお名義で活動中。

注21　松尾多一郎
雑誌『POPEYE』などでアメコミ風の印象的なイラストやコラムを発表したクリエイター。

注22　『POPEYE』
1976年、マガジンハウスから創刊された男性向け月刊誌。70年代後半のアメリカ西海岸のスタイルを日本に初めて紹介したことでも知られる。

注23　CRASS
1977年にイギリスで結成され、1985年に活動を停止したアナーコパンクバンド。反戦、反核、フェミニズム、動物愛護、環境保護などについて強力なメッセージを放ち、直接行動を伴った活動で、後身のパンクバンドに多大な影響を与え続けている。

そうだな〜。とにかく裏ビデオとクロムハーツ[26]には金を使いまくってたな。クロムハーツに至っては、まだ誰も着てないぐらいの時代から着てたから。当時『チェックメイト』っていうメンズファッション雑誌があったんだけど、そこのスタイリストがオレのところに借りにきたんだよ。まだクロムハーツが雑誌に貸し出したりしてない時代だったんだよな。

――クロムハーツといえば山口さんですからね。僕も最初、ギンティ小林さんから「全身クロムハーツの童貞だよ」ってわけが分からない紹介のされ方で会いましたから。

当時はそんな人いなかったからな〜。だからよくクロムハーツの店員さんと間違えられたよ（笑）。仕事帰りにしょっちゅう行ってた金町のステーキ屋があってさ。そこのおばさんがGLAY[27]が好きで、その流れでクロムハーツも好きだったみたいなのよ。で、オレのことを「ほらあのお客さん、クロムハーツの店員さんだよ！」って言ってたらしいからな（笑）。

――いつぐらいから着てたんですか？

フリーになって2年目とかじゃねーかな。それまでも革ジャンは着てたけど、雑誌でクロムハーツを見て、「これだな」と思ってすぐ買いに行ったんだよ。ちょうど、けっこう稼ぎだした頃だったんだけど、小金を貯めてるイメージがイヤでさ。とにかく金を使ってる感じを出したかったんだよ。

――すごい感覚。

当時クロムハーツって売ってる場所が原宿のユナイテッドアローズ[28]だけでさ。ガラスケース

注24　DISCHARGE
1977年にイギリスで結成されたハードコアパンクバンド。戦争の悲惨さを簡潔に描写した歌詞と、Dビートと呼ばれる独特のリズムが特徴。現在もメンバーチェンジを経て活動継続中。世界中に多くのフォロワーバンドが存在する。

注25　『メンズノンノ』
1986年、集英社から女性ファッション誌『non-no』の男性版として創刊された男性向け月刊ファッション誌。

注26　クロムハーツ
1988年、リチャード・スタークにより設立された高級ジュエリーブランド。ハリウッドの映画スターやミュージシャンなど、世界のトップセレブリティが愛用したことで人気となり、日本でも有名芸能人・タレントが愛用している。

注27　GLAY
1988年、北海道で結成された国民的人気を誇るロックバンド。

の中に入ってたんだけど、買いに行くとガキが集まってきたりしてたな。

——なんでですか？

クレジットカードとか持ってないから、いつも現金で買ってたのよ。

——そりゃ目を引きますね！

150万円ってポケットに入らないのよ。革パンと革コートが70万ずつとかで、消費税がちょっとかかるじゃん。で、数万円お釣りがあるっていうから、ダイヤモンドが入ってる5万円ぐらいの安全ピン買ったんだもん。

——わけ分かんないです！

でも全身クロムハーツがイイのは、どんな服屋行ってもVIP扱いなんだよ。

——ちなみに全身総額って300万円ぐらいですか？

ロレックスの時計と合わせるともっとじゃねーかな……。ロレックスはキムタクの真似して買ったんだけど。

——ははははは！　いちいちバカっぽくて最高ですね。

ロレックスに関してのうんちくなんてねーからな～。

注28　**ユナイテッドアローズ**
1989年、元ビームスのスタッフが中心となって立ち上げた、大人向けの高額商品をメインにしたセレクトショップ。

革ジャン、革パン、グラサン

――山口さんていつぐらいから革ジャン、革パン、サングラスだったんですか？

オレね、下手するとギターウルフ[29]よりも早かったんだよ。

――え！　そうだったんですか！

で、最初の頃はギターウルフと同じくショットの革ジャンだったんだよな。そういえば、一回原宿でギターウルフのセイジさん[30]とすれ違ったことがあるな。向こうからセイジさんが歩いて来たんだけど、当時革ジャン、革パン、グラサンなんて誰もいないから、お互いなにかチェックし合ってる感じだったよ（笑）。

――奇妙な光景ですね（笑）。

グラサンを常時着用するようになったのはフリーになってからだったね。勤めてた時はさすがに電車の中とか出版社に行く時は外してたのよ。でもフリーになったらさ、こっちのほうが分かりやすいしイイかなって。

――自己プロデュースの一環ですか？

注29　ギターウルフ
1987年に結成されたスリーピースのガレージ・パンクロックバンド。国内だけでなく、海外でも精力的にツアーを行い、革ジャン革パンで高い熱量のステージを繰り広げ続けている。

注30　セイジさん
ギターウルフのヴォーカリストでありギタリスト。日常生活でも常に革ジャン・革パン・サングラスという出で立ちで、アクロバティックな激しいステージとともに多くの人々から尊敬と畏怖の念で支持されている。

そうだね。フリーになったあたりから自己プロデュースは考えてたよ。作り込んだうえで人に覚えられるって大事でさ。でも、出版社に革ジャン、革パン、グラサンで行くとバイク便の人と間違われるんだよ（笑）。ある日、出版社の人と話しててさ、「そういえば山口さんってなんの人なの？」って聞かれて、「オレ？　デザイナーだよ」って言ったら「そうなんだ！　おしゃべりなバイク便の人だと思ってた！」ってことがあったな（笑）。

――山口さんは、ROCKERSって屋号を名乗っていたじゃないですか。あれはいつ頃からですか？

ROCKERSって屋号も偶然でさ。屋号とかイヤだったから、「山口明」でいこうとしてたんだけど、熊田さんに「山口明っていっぱいいるから紛らわしいよ。屋号をつけないと経理の人が間違えたりするぞ」って言われて。でもなんにも思い浮かばなくてさ。陣内[31]（孝則）さんのバンドのTH eROCKERS[32]も好きだったし、『ロッカーズ』[33]ってレゲエの映画も好きだったからROCKERSにしたのよ。

――映画の『ロッカーズ』も入ってたんですね！

そうだよ。レゲエ・テイストと、めんたいロック[34]の頭悪い感じをミックスしたのよ。名乗り始めた頃は「頭悪すぎですよ」とかいろいろ言われたんだけど、これが意外に良くってさ。例えば、まだ会ったことのない人との打ち合わせで、駅とかで待ち合わせする時も「あ、ROCKERSの山口さんですか？」って向こうからはすぐ分かるみたいなんだよな。

注31　陣内（孝則）さん
元ザ・ロッカーズのヴォーカリストで、現在は俳優として活躍している。俳優としてのデビュー作は『爆裂都市』。

注32　TH eROCKERS
1976年、陣内孝則らが結成したロックバンド。

注33　『ロッカーズ』
1978年に公開されたジャマイカのレゲエ映画。有名レゲエアーティストが多数出演し、独特の雰囲気を醸し出すレゲエ映画の金字塔。

注34　めんたいロック
70年代から80年代にかけて福岡市などを中心に勃興したロックムーブメント。代表的なバンドとして、サンハウス、ルースターズ、Th eROCKERSなどがいる。

――革ジャン、革パン、サングラスだからなおさらですよね。

小学館の受付のおっさんも、「ROCKERSって分かりやすくっていいよ～！　ほかの奴は、なんとかクリエイティブとか分かりにくいし紛らわしいんだよな～」とか言ってたもん（笑）。

――これはタメになるお話ですね。屋号は分かりやすく、バカっぽいほうがいい。

そうだよ。やっぱり自己プロデュースって大事なのよ。

裏ビデオ屋の店員に間違えられた

――あと山口さんといえばやっぱりＡＶですよね。

そうだな～。もう、とりあえず裏ビデオ屋に入り浸ってたね。ＶＩＰ扱いで店員さんにコーヒー出されたりしたよ。下手すると月30万円ぐらいはＡＶに使ってたよ。税理士さんもビックリしてたな。

――前代未聞ですよ。

他のお客さんに店員と間違えられるぐらい入り浸ってたんだから。

――どこのお店ですか？

主に新宿だな。でも裏ビデオ屋だからすぐ摘発されちゃって潰れるのよ。そうなるとほかの店に行って、っていう。

――警察と裏ビデオ屋の摘発イタチごっこに参加してたんですね。現実の女性に気が向くことはなかったんですか？

そうなんだよな。時間もないし……。

――裏ビデオ屋に入り浸る時間はあるのに。

いろんなメンドくささを考えたら裏ビデオのほうがいいのよ。でも基本はとにかく仕事が忙しかったから。毎日土日もなく働いて、酒も飲まないのに深夜タクシー帰宅だったからな～。

――完全にワーカホリックですよね。

そうだったかもな。でもオレ、仕事とプライベートを分けるっていう生き方が合わないのよ。だからフリーになってスッキリしたっていうのもあったな。

――それは前に言ってた、「頭の中はシンプルなほうがいい」ってところと一緒で、ライフ・スタイルもシンプルというか、単純なほうがいいってことですか？

そうそう。あとフリーになると誰にも気を使わなくていいじゃん。朝、事務所行く前に雑誌とアイス買って、事務所でアイス食いながら雑誌を読むのが幸せでさ。そんなの普通に勤めてたら怒られんじゃん。さすがに一緒に事務所を借りてたおっさんは、「しょーがねぇな」って嫌み言ってたけど。会社勤めの時も茶髪でグラサンとかだから、「その格好で出版社なんて行くなよ！」とか言われたりしてたからな。

——フリーだったら誰からも文句言われる筋合いはないですもんね。

そうだよなぁ、でもフリーになって気は楽になったぶん、家がガタガタになっていくんだよ。弟が脳腫瘍になっちゃってさ。1年ぐらい闘病して死んじゃって、その1年後には親父が具合悪くなって救急車で運ばれたり。そのぐらいの時期はキツかったなぁ〜。

弟とバンドを組んでた

——弟さんとは仲が良かったんですか？

子供の頃は歳が近いぶん仲悪かったけど、歳取ってからは仲良くなったな。でもオレとはあんまり似てなかったよ。母親が言うには、オレは周りが持ってる物を欲しがったりしなかったらしいけど、弟は逆だったみたいだね。高校生ぐらいになったらバイクを親にせがんだり、年齢が来たら免許を取って車も乗ってたし、パチンコとかにものめり込んでたし、楽器屋で働いてたからギターも集めてたし。晩年は髪が長くなっていってヘビメタみたいな感じだったよ。兄貴がパンクで弟がヘビメタだったんだよな（笑）。そういえばウチの弟ってミュージシャンとしてデビューしそうになったんだよ。

——え！　そうだったんですか！

あるニューミュージックの人が、バンドブームの頃にロックバンドで再デビューを狙ってたみたいなんだよ。その時に弟の楽器屋にその人のマネージャーが来て、「バックバンドにどうか、と言ってるので一度オーディションに来てください」って。

——弟さんはバンドをやってたんですか？

たいしてやってないと思うけどな。でも、楽器屋の店員って楽器は一通りできなきゃダメらしいのよ。あ、そういえば兄弟でバンドやったことあるな。

——ホントですか！

21歳ぐらいん時にめんたいロックにハマって、バンドやりたくてさ。ウチの弟と、弟の友だちとか、言うこと聞きそうな奴らを集めてルースターズの「どうしようもない恋の歌」のコピーとかをやってたよ（笑）。もちろんオレがいちばん良いポジションで、ギターヴォーカルでやってたんだけど、イカンのがオレ抜きで練習し始めたのよ（笑）。

——ははははは！　でも、そうとう仲が良かったんですね。

そうかなぁ〜。弟が車持ってたから、夜中に弟の運転でドライブによく行ってたな。その時に車の中で聴く用のカセットを用意したりしてたよ。陣内孝則の『ロッカーズ』[35]って映画あったじゃん。あれで最後「涙のモーターウェイ」って曲がかかるんだけど、その曲を弟の車の中

注35　『ロッカーズ』
陣内孝則が在籍していたTHE ROCKERS時代を描いた自伝的映画。

でよく聴いてたから涙が出ちゃってさ。しかもそれが、ちょうど弟の法事の前日とかに観ててたまんなかったよ。まさに「涙のモーターウェイ」だよな。

でも、弟が死んだことがストッパーになってくれたっていうのもあるんだよ。その頃ってめちゃくちゃ忙しい時期で、あのまま仕事してたら忙しすぎて死んでたんじゃねーか？ ちょうどその頃に税理士さんとか周りの人とかに、「人を雇って会社にした方がいい」とか言われてたぐらいなんだよ。今考えると、会社にしちゃってたらアウトだったな〜。

銀座の寿司屋みたいな商売してたよ

――2000年に入るぐらいの頃から、みんな携帯電話を持ち始めるじゃないですか。そのぐらいの時って、携帯電話を持とうと思ったりしなかったんですか？

思わなかったね。ホントにみんな持ってたのかな？ オレが興味ないから視界に入ってなかっただけ？ あと、ホントに忙しかったからケータイなんて持ったらバンバン電話かかってきちゃうじゃん。それがイヤだから持たなかったっていうのはあるんだよ。

フリーになりたての頃は、一応緊急のためにってことで、名刺に家の電話番号も載せてたんだけど、そしたら夜中でもバンバン電話がかかってくるようになっちゃってさ。弟が死にそうな時にもかかってきたりしたから、これは家の番号載せたらイカンな、って。事務所を一歩でも出ちゃった時は連絡取れないぐらいがちょうどいいのよ。

あと、漫画家の先生とかも連絡つかないのが当たり前っていうか、それだけで大物感が出るじゃん。自分をレアな存在として演出するんだよ（笑）。

——今それをやったらすぐ干されるでしょうけどね（笑）。

だからオレもどんどん仕事がなくなっていったんだよ（笑）。90年代ぐらいからレアグルーヴって言葉が流行りだして、レアなほどイイっていうのがあったから自分の価値を高めるためにケータイは持たなかったな。

——誰にも真似できない戦略ですね。

今思い出したけど、よく「オレはお店で言ったら一見さんお断りの店だから」とか言ってたんだよ。「そんなこと言ってたら仕事なくなるぞ」とか言われてたんだけど、ホントになくなっちゃったのよ（笑）。

——敷居高くしちゃったら誰も入ってこなくなっちゃったんですね！

しょうがねぇよな。ギャラも高かったし、銀座の寿司屋みたいな商売しすぎたよ。あと、漫画家の先生のご指名っていうのもけっこうあって、勘違いしてたんだろうな。

——山口さんは水木しげる[36]、水島新司[37]、楳図かずお[38]……名だたる大御所漫画家の単行本もデザ

注36　水木しげる　『ゲゲゲの鬼太郎』『河童の三平』『悪魔くん』などで知られる妖怪漫画の第一人者。

注37　水島新司　『野球狂の詩』『ドカベン』『あぶさん』などで知られる野球漫画の第一人者。

注38　楳図かずお　『漂流教室』『まことちゃん』『わたしは真悟』など意欲的な異色作で知られる、日本を代表する漫画家。

注39　大島弓子　『ミモザ館でつかまえて』『綿の国星』などで知られる女性漫画家。

注40　倉多江美　『静粛に、天才只今勉強中！』などを描き、乾いた描線とシニカルで哲学的な作風で知られる女性漫画家。

注41　萩尾望都　『ポーの一族』『トーマの心臓』『11人いる！』で知られる女性漫

インしてるじゃないですか。子供の頃から知ってる人との仕事ってどうでした？

なんとも思わなかったな～。オレ、そんなに漫画が好きじゃなかったからさ。

――あ、そうでしたね（笑）。

中学生ぐらいの時とか、周りの漫画が好きな奴らを見て「バカじゃねーか？」って思ってたもん。で、高校生ぐらいになると少女漫画を読んでたんだよ。[39]大島弓子とか[40]倉多江美、[41]萩尾望都とかをね。なんでかっていうと、当時全盛だったスポコン漫画とかホントに無理でさ～。でも、それを熊田さんに言ったら、「お前、感性いいよ。[42]橋本治も[43]高橋源一郎もみんな少女漫画を読んでたんだからよ」って言われたな。

――今までの仕事で思い入れがあるものってあります？

ねぇな（笑）。

――え！　一冊もないんですか？　例えば、[44]ジョージ秋山先生の『[45]捨てがたき人々』って山口さんが装丁をやってるじゃないですか。あれって映画になったんですけど、映画版のポスターは完全に山口さんのデザインを踏襲してますよ。

ほんとに？　あれはジョージ先生に褒められたんだよ。ジョージ先生って足に異常なこだわりがあるじゃない。だから顔を出さずに、足だけ表一にくるようにやったんだよ。

――表一というのは出版用語で、一般的に表紙のことですね。

最初のラフではピンとこなかったみたいだけど、本になったものを見たら「普通の奴は顔を

画家。SF、ファンタジー、ミステリー、ラブコメなど幅広いジャンルの作品を執筆している。

注42　橋本治
1977年に発表した小説『桃尻娘』で注目を浴びた小説家。『巡礼』『リア家の人々』『ひらがな日本美術史』『失われた近代を求めて』『浄瑠璃を読もう』『九十八歳になった私』など著書多数。

注43　高橋源一郎
日本のポストモダン文学を代表する作家。競馬好きとしても知られている。

注44　ジョージ秋山
『アシュラ』『銭ゲバ』『デロリンマン』『浮浪雲』など、異色作を描き続ける異能の漫画家。

注45　『捨てがたき人々』
1996年からジョージ秋山が『ビッグゴールド』で連載した、男女の業を鋭く描いた異色コミックス。2014年には実写映画も公開された。

前に持ってくるけど、こいつは分かってんじゃねぇか」って。

ホントに思い入れないんだよなぁ。のちに事務所をたたむ時も、ほとんど人にあげたり捨てたりしちゃったし。でも、どれも手を抜いたりもしなかったし、恥ずかしいけど必死にやってたよ。必死になってあれかよっていうのもあるけどよ（笑）。

第5章 プロ童貞ライフ

Cherry Machine Gun Etiquette

不思議なことに
年を取れば取るほど
周りは華やかになった

童貞もワインも寝かすほど価値がでる

——2000年あたりから、みうらじゅん[1]さんや伊集院光[2]さんの『D.T.』[3]っていう本だったりで、徐々に「童貞」というワードがキャッチーなものになっていくじゃないですか。ついには「Stand Up!!」[4]なんていうジャニーズ主演の童貞ドラマも出てきて。

まぁ、ほとんどが寸止めっていうかなぁ。オレは正真正銘フルコンタクトの極真童貞だから。

——コンタクトしたことないのに（笑）。

でも「Stand Up!!」は観てたよ。「絶対童貞じゃないじゃん、こいつら！」って思ってたけど、アレは意外とよくできてたのよ〜。そのぐらいの頃から、「童貞って気持ち悪い」っていう世間の見方がなくなったんじゃねーの？　いや……そうはいっても少し前に、とある雑誌で「キャリアウーマンが童貞を求めてる」って記事があったんだよ。でもそれは、「自分の都合いいように童貞をカスタマイズできるから」っていう理由だったな。

——えらい乱暴な発想ですよね。

童貞っていまだにセクハラされるんだな〜。処女いじりなんて絶対イカンでしょ。でも、オ

注1　みうらじゅん
エッセイスト、漫画家、小説家、ミュージシャンなど、幅広い肩書きを持つ。

注2　伊集院光
テレビ、ラジオで活躍するタレント。鋭いトークを繰り広げるラジオ番組『伊集院光 深夜の馬鹿力』は人気の高い長寿番組。

注3　『D.T.』
みうらじゅんと伊集院光が提唱した童貞の新しい呼称で、2002年に出版された書籍タイトルでもある。

注4　「Stand up!!」
2003年に放送されたテレビドラマ。主演を二宮和也が演じ、童貞卒業を目標とする高校生たちの青春を描いたコメディ。

注5　『40歳の童貞男』
2006年に公開された異色のラブコメ映画。40歳にして

レ個人の話だと、30代ぐらいの時に「童貞です」って言うとちょっと引かれる感じがあったんだよ。20代、30代ぐらいの童貞ってみっともねぇ感じがするじゃん。でも、40歳過ぎてからは反応も変わってきたのよ。「そうなんですね！」みたいな感じでさ。世間の童貞の見方も変わってきてるけど、童貞って年齢とともに価値が上がっていくのよ。ワインと一緒だな。

——寝かせば寝かすほど価値が上がるんですね。山口さんは40歳過ぎた頃にもまだ童貞という焦りはなかったですか？

なかったね(即答)。2006年に「40歳の童貞男」[5]っていう映画が日本で公開されたんだよ。で、いろんな雑誌が特集するじゃん。その中で「本当に40歳を過ぎた童貞がいるぞ」ってことで『映画秘宝』[6]とか『sabra』[7]『SPA!』から声がかかって取材を受けたりしたんだよ。当時46歳だったけど、そのぐらいの時期は小田原ドラゴン[8]先生が漫画にしてくれたり、ろくでなし子[9]さんが漫画家だった頃に竹書房で漫画になったりしたんだよな。

——そこで出版業界人以外の一般層に知られるわけですよね。反応はどうでした？

それがさ～、その頃ってもうすでに紙メディアの衰退が始まってたから、全然話題にならなかったよ(笑)。オレ自身はまだデザインの仕事もギンギンにやってて、悠長に「未来は明るいな～」って思ってたんだけどね。でも、それだけいろんな雑誌に露出してるし、掟[10](ポルシェ)さんがUstreamに呼んでくれたりしたんだけど、街を歩いてて声かけられることとかがなくて、けっこう寂しい思いをしたな～。

童貞のまじめな独身男が、悪友3人組のおせっかいな手助けを受けつつ童貞を卒業しようと悪戦苦闘する姿を、下ネタを交え描いている。

注6 『映画秘宝』
1995年、洋泉社から創刊された月刊映画雑誌。独特の切り口で映画を紹介し、熱狂的な読者を持つ。

注7 『sabra』
2000年に小学館から創刊された月刊総合誌。

注8 小田原ドラゴン
P12参照。

注9 ろくでなし子
自らの女性器を型どりデコレーションしたアート作品「デコまん」を作り、注目を集めたことで知られる女性漫画家・美術家。

注10 掟（ポルシェ）さん
P4参照。

——ちなみにプロ童貞って名乗り始めたのはその頃ですか？

もうちょっと後だね。その頃はまだ、ただの童貞。46歳でだいぶ年季入ってるけど、まだ駆け出しの童貞だったたな。

ヤらせてくれそうな女王様がいたのよ

——デザイナー時代もやっぱり恋をすることはなかったんですか？

忙しかったからな。でも、何度か「童貞卒業しちゃうかも？」みたいなタイミングはあったな。

——え！

一時期すっげー仲が良かったSMの女王様がいたのよ。その人はテレビとかにも出てたりして、見た目はすっげー綺麗な人でさ。タトゥーは入れまくってるし、豊胸手術もしてて、身体作り込んでる人なのよ。モトリー・クルー[11]のヴォーカルのヴィンス・ニールともなにか関係があったりする、かなりのツワモノだったたな。

——ツワモノVSツワモノですね。どういう経緯で知り合ったんですか？

なんかのバンドのライブを観に行った時に、知り合いが連れてきてて挨拶したんだよ。だけ

注11　モトリー・クルー
1981年、アメリカで結成されたヘヴィメタルバンド。セックス、ドラッグ、バイオレンスとロックバンドとしては正しいスキャンダラスなイメージを持つ。ヴォーカリストのヴィンス・ニールは、ガンズ・アンド・ローゼズのイジーとアクセルとのバトルでも有名。

ど、オレと住む世界が遠く離れた人だから仲良くなるとは思えないじゃない。そしたらある日突然電話がかかってきてさ。「もしもし？　遊ばない？」って、もうビックリしちゃったよ～。イイ大人になってから女の人とふたりで飯食いに行ったりとかなかったからさ。でも、意外と話が合ったんだよな。オレ、こう見えてクレイジーな人が好きだからさ。

――どこからどう見ても、クレイジーな人が好きなクレイジーな人ですよ。

あの女王様はすごかったな～。オレに全裸の写真くれたりするし、狂ってて面白かったのよ（笑）。見た目もただならぬ感じが出てるから、どこ行ってもＶＩＰ扱いで、近所の町のフランス料理屋みたいなところに連れて行ったら、普段出てこないデザートがふたつも出てきたりしたな。あと、一緒に寿司屋に行ったら、その女王様の見た目があまりにもエロすぎて、寿司屋の兄ちゃんが見とれちゃって寿司握れなかったりしたこともあったよ（笑）。

まぁそんな人と友だちとして定期的に会ってたんだけど、とある喫茶店で茶飲んでたら、外の風俗店のネオンが目についたのよ。で、オレが「そろそろ風俗にでも行くかな……」って話をしたら、「風俗なんかダメだよ～！　でも、そろそろ実践したほうがいいんじゃない？」とか言うから、「あれ？　ヤらせてくれんのか？」って思ってたのよ。オレ的にも気心は知れてるし、美人だし、いいかな～って。そしたら「じゃあ次会った時にでも実践いくか～。次来る時はペニバンとローション持ってくるわ！」って、あいつオレの処女を奪う気だったんだよ！

――女王様も童貞だけは守ってあげようと気を使ってくれたんじゃないですか？

でも、結局何もなかったのよ。ただ、それ以降その女王様はオレに予防線張ってるところがあってさ。ある日「アソコにピアスつけた」って言うんだよ。そんなこと言われたって、オレ童貞なんだから見当つかねーじゃん。

――裏ビデオで観てても、実際に目の前でご対面したわけじゃないんですもんね。

そうよ。で、「ここに～」とかって絵に描いて説明してくれたんだけど、オレもだんだん興奮してきてさ。「ちょっと見せてくれねーかな？」ってお願いしたのよ。

――はははは！　お願いするのもすごいですよ。

でも、「今日はダメだけど、今度ね」って言われてさ。そんで次会った時、オレも当然のように「じゃ、見せてよ」って言うじゃん。そしたら「今日は生理だからダメ」って。それから必ず会うたびに開口一番「今日生理なんだよ～」って言うんだよ！

――やんわりだけど、断固とした反対姿勢を感じますよね（笑）。

そうなんだよ（笑）。でさ、女王様でいちばんビックリしたのが、バレンタインデーに「話したいことがある」って電話してきたんだよ。もうオレは「あれ？　告白されんのか？」ってドキドキしちゃってさ～。でも、オレがその時ちょうどスッゲー忙しかったんで、「今日はちょっとな」って言ったら「いや！　今日じゃなきゃダメだ！」って言うんだよ。これついにきたか……？　と思ってしょうがなく会ったら、新しく勤めたＳＭクラブの愚痴なんだよ！　ドキドキして損しちゃったよ！

オレ、パン線が好きなのよ

——山口さんって女体はどこまで触ったことがあるんですか？

オレね、けっこうセクハラがひどいんだよ。昔、掟さんが巨乳の女の子に「揉んでいいですか？」って真顔で聞いたら、女の子がちょっとの間を空けて「いいですよ」って言って、掟さんが胸揉んでたのよ。それを見て、「聞けば揉んでもいいんだな」って学習しちゃったんだよな。

——教材間違えてますよ。

それ以来、巨乳の人には「触っていいですか？」って聞いたりしちゃうな〜。でもさ、「上だったらいいよ」って言う人が多いんだよね。あれはよく分かんないよな。

——「先端はダメ」っていう抵抗なんじゃないですかね。

あと、さっきも話したＳＭの女王様が豊胸手術した時に、見せびらかしたいみたいでさ。オレの事務所に来て突然上着をバッと脱いで、「触ってみて！　自然で分かんないでしょ？」って聞いてきたんだけど、童貞だから分かんねーよ（笑）。

——キスはいまだにないんでしたっけ？

ないね。

——興味本位だけで聞きますけど、フェチってあるんですか？

オレ、ズボンに浮かび上がるパンツの線、いわゆるパン線が好きなんすよ～。今日も朝からイイ感じのパン線見て興奮してきたんだけど、パン線がない人っているでしょ。なきゃないで「こいつTバック穿いてるな」って余計興奮するんだよな。あってもなくても興奮するっていう。

——中学生じゃないんだから。

オレ、ほとんど中学生と変わんねーよ。でさ、今ちょうどパン線ビジネスっていうのを考えてるのよ。

——何企んでるんですか！

そんなにみんなが女のお尻に注目するならば、お尻に広告を出せばイイんじゃないかと。で、そのパン線お姉さんに「いいね」って声かけて、５００円を払うっていうシステム。広告媒体としてのパン線。ＬＩＮＥの次にくるのはパンティ・ラインだよ。どう？

——真剣な顔して聞かないでくださいよ！

ちなみにオレが人生で出会ったいちばんすごいパン線っつーのが、数年前に神保町で見た、白いズボン穿いたお姉さんだね。ヒョウ柄のパンツがスケスケでさ！　アレは異常に興奮しましたね～！　アレを超えるパン線には出会ってないな！

——ＡＶでもギャルとか好きですし、ヒョウ柄もお好きですよね。

そうね。細かくいうと、オレが好きなAVはギャル熟女とシーメールね。やっぱり分かりやすいエロが好きなんだよな。

――分かりにくいですよ。

そういえば最近自分の下着をビキニに変えたのよ。『SAD VACATION ラストデイズ・オブ・シド&ナンシー』[12]ってシド・ヴィシャスのドキュメンタリー映画を観てたら、シドがちっちゃくて白いビキニパンツを穿いててさ。すぐ買いに行ったよ。あと、今ってみんなだいたいボクサーブリーフ穿いてるから、あえて誰もいないところにね。パンク・ファッションにしてからズボンが細くなったから、ちょうどいいんだけど、いかんせん生地が薄いじゃない。年取ったんで尿漏れがね……最近Gパンがクセェなって思ってるところなのよ（笑）。

――今さらですけど赤裸々すぎますよ！

悪魔に童貞を売っちゃった

――よく、「30歳まで童貞だと魔法使いになれる」とかいう出所不明の与太話があるじゃないですか。でも、山口さんの場合は本当に不思議なパワーが芽生えちゃったんですよね。

注12 『SAD VACATION ラストデイズ・オブ・シド&ナンシー』
シド・ヴィシャスとナンシー・スパンゲンの破滅的な日々を描いたドキュメンタリー映画。「白いビキニパンツ」は画像を参照のこと。

映画『SAD VACATION ラストデイズ・オブ・シド&ナンシー』より　© 2016 Chip Baker Films

そうそう。オレに説教した人が次々と死んでいくんだよ（笑）。

――笑いながら言うことじゃないですよ！

とある出版社の少女漫画編集者なんだけど、オレに会うごとに怒ってくるのよ。

――デカイ声で下ネタでも喋ってたんでしょうね。

そうそう（笑）。で、しばらくして久しぶりに編集部に行った時に「あのババア生きてんの？」って聞いたら、「山口さん、ダメダメ！　先週死んじゃったよ！」って。

――怖っ……。

違う出版社でも、オレのことをすごい怒ったおばさんが死んじゃったこともあったな。でも、相手が死ぬだけじゃなくてさ、オレと揉めた人が不幸になるとか、付き合いがなくなった人が不幸になるとか、いろいろあんのよ。オレが二日で辞めたデザイン事務所は潰れちゃったしね。

――呪いをかけてるんですか？

呪いっつーか……ほら、みんな「幸せになりたい」とか言うけど、オレは幸せってなんなのか分かんないのよ。むしろ常に破壊願望があるっていうか、世の中が荒れた状態になると、「キタキタキタ」とか思っちゃうんだよ。悪魔なのかな？

――自分のことを怒った人が死んじゃうあたりは、かなりのダミアン[13]具合ですよね。

憧れだね〜。オレ、クロスロード[14]で悪魔に童貞を売っちゃったんじゃないかな。もはや童貞ですらないのかもしれないな。この本のタイトル『悪魔に童貞を売った男』に変えない？

注13　ダミアン
ホラー映画の名作『オーメン』の主人公で、6月6日午前6時に誕生し、頭に666のアザを持った悪魔の子・ダミアンのこと。

注14　クロスロード
「十字路で悪魔に魂を売り渡して、その引き換えにギターテクニックを身につけた」というアメリカのギタリスト、ロバート・ジョンソンにまつわる「クロスロード伝説」のこと。

——それだとオカルト本ですよ。でも、ＵＦＯとか好きですよね。

好きだね～。宇宙人にも遭遇したしね。

——まともな人から信用されなくなるようなことをサラッと言いますね。

ちょっと話が長くなるんだけど、弟が生きてる時にさ、オレが寝てると弟がふざけてオレに乗ってきて、バンバン頭叩いてきたりしたことがあったのよ。

——子供の頃ですか？

大人になってからもあったな。

——仲良いな～。

ま、そうやって、朝になるとオレを起こすんだよ。で、弟が死んでしばらくしてから、ある日突然そんな感じで夜中にバンバン叩かれて起こされたんだよ。で、パッと目を開けたら全身金色で全裸の人がいたんだよ。

——え！

それでまたすぐに寝ちゃったんだけどね。結局、夢だかなんだか分かんなかったんだけど、起きた後にそのことを親に話したんだよ。そしたら、ちょうどお盆の時期だったから、「お盆で弟が出たんじゃねぇか」ってバカみたいなこと言うんだよ。だからオレも仏壇に線香あげたんだけど、金色のアイツは弟じゃなくて宇宙人だったんじゃねーかなって思ってるんだよ。

——ははははは！　なんでですか！

だって金色じゃん。しかも「あれはなんだったんだ？　宇宙人だったのか？」って思ってたら、その出来事の直後に宇宙人の本の仕事がきたのよ。

――すごい！　それは偶然にしてはよくできた話ですね。

だよな～？　あと、ある日悪魔と合体する夢を見たんだよ。オレの体の中からバリバリバリ！　って悪魔が出てきてもうすごいの。そんで、起きてもちゃんと覚えてたから、「これはオレに悪魔がとり憑いたな」って喜んでたんだよ。デビルマンみたいでカッコいいじゃん。そしたらその直後に悪魔の本の仕事がきたんだよ～！

研ぎ澄まされた野生の勘

あのさ、今話しながら思い出したんだけど、オレの変なパワーって若い頃からあったんだよな……。

――え！　生まれつきだったんですか！

高校の時なんだけど、教室の窓が外れて突然オレの頭に落っこちてきたんだよ。まぁそもそもなんで窓が突然落ちてきたのかが謎なんだけど、普通だったら大怪我しそうじゃん。でも、ガラスも割れず、オレも無傷で済んだんだよ。さすがに周りにいた奴らもビックリしてたな。オレ、天使に守られてんじゃねーか？

——そういえばエンジェル山口って異名もありましたね。

数年前も出版社に行った帰り道でさ、飯田橋からＪＲに乗って帰るんだけど、急にウンコしたくなっちゃってＪＲの駅まで間に合いそうもないから地下鉄に降りて便所に入ってウンコしたのよ。で、そのまま地下鉄で帰ったんだけど、ちょうどその時ＪＲのほうで事故があったみたいで、そっちに乗ってたら帰れなかったんだよ。

——自分に被害が出ることはないんですか？

自分っていうか、母ちゃんにはあったな。楳図先生のコンビニ本の装丁をやったのよ。それが写真を使った装丁なんだけど、人形の目から血が出てるような写真をメインにしたやつでさ。楳図先生もその人形を作った人形作家の人もすごく喜んでくれたんだけど、その本ができた日にウチの母ちゃんの目から血が出たんだよな〜（笑）。

——なに爆笑してるんですか！

病院行ったらなんでもなかったんだけどね。あと、さっき話した女王様だけど、何かキッカケがあったわけじゃないんだけどあんまり会わなくなってさ。それからしばらく経って、ある日その女王様が夢に出てきたんだよ。それが変な夢でさ〜。うちの母ちゃんの群馬の実家にオレと女王様がいて、女王様のあまりのイケてる出で立ちっぷりに田舎の人たちがどう接してイイか分かんないっていう（笑）。

——妙なリアリティありますね。ありえたかもしれない未来っていうか。

そうなんだよ。で、すぐ女王様に電話したんだよ。そしたら「お父さんが死んでさ……」みたいな。

——うわぁ。もう霊能者とかの域ですよ。

あとはね、処女も当てられるんだよ。前に仕事を一緒にした女の子が、なんか独特の匂いがしてさ。「処女?」って聞いたら顔赤らめてたな。

——麻薬犬みたい……。

そうそう。オレ、鼻が利くのよ。家に弟が帰ってきた時に「お前、ソープ行ってただろ」って言ったら「なんで分かんだよ！」ってことがあったな。

——感覚が研ぎ澄まされてるんですかね。

童貞だし、パソコンとかも使わないじゃん。野生の勘が磨かれてるんだろうな。まさに「ワイルドチェリーライフ」よ。

——なにキメちゃってるんですか。まだまだ取材は終わりませんよ！

アウトすぎてテレビに出られなかった

——山口さんは2011年に事務所を巣鴨から御茶ノ水に引っ越すんですよね。

そうだね。オレ、東日本大震災の前まではは意外とずーっと忙しかったのよ。震災が関係してるのか知らねーけど、あの後から仕事がなくなったね(笑)。

——そうなんですか!?

震災のあった2011年っておかしかったんだよな。まず震災前の正月から親父が倒れて入院しちゃって、ロクな一年じゃねぇだろうなって思ってのよ。そしたら3月に地震がきたじゃん。あと母ちゃんの認知症の片鱗が出始めて、初めて行方不明になったのも2011年だし。で、巣鴨にあった事務所は4人でシェアしてたんだけど、一緒に借りてたおじさんが「仕事辞めるわ」って言い出して、えらい急に「この事務所を解散するぞ」って言われてさ。とりあえず新しい事務所探さなきゃいけなくなったし、いろんなことがある大変な一年だったのよ。

——でもそのぐらいの頃からデザイン仕事以外にもいろいろな仕事をしてましたよね。

そうそう。『週刊プレイボーイ』にはしょっちゅう出てて、杉作[15](J太郎)さんと対談した

注15　杉作(J太郎)さん
男の墓場プロダクション代表、漫画家、ライター、映画監督など多数の肩書きを持つサブカル界の重鎮・杉作J太郎のこと。

りとか、いろいろやってたんだけどこれもまったく反響がないんだよ。で、テレビとかラジオとかからもちょくちょく声がかかるようになったのもそのぐらいの時期だな。「アウト×デラックス」[16]っていう番組から出演オファーが来たんだけど、スタッフの人と会って打ち合わせしたら「アウトすぎます」って理由でダメになったりしたな〜。

——真性のアウト認定されちゃいましたね。

MXテレビ[17]の「5時に夢中！」[18]からもオファーが来てさ、「『アウト×デラックス』はダメでしたよ」って言ったら「ウチは全然大丈夫ですよ！」って言うのよ。でも、オンエアを見たら「童貞」って言葉がNGだったらしくて「生息子・山口明」に変わってたんだよ。

——はははは！　ほとんどの人が意味分かんないですよね！

そうだよな〜。でもね、雑誌やテレビよりネットの力のほうが大きいんだなってことを実感するよ。オレはパソコンやスマホを持ってないからネットは使えないんだけど、SNSをやってもらうことになったんだよ。

——フェイスブックとツイッターのアカウントを開設するんですよね。で、たまに山口さんのメッセージが書き込まれるっていう。

廣瀬さんが代理人として管理してくれることになったんだよね。廣瀬さんと会う時に、オレの手書き原稿を渡すのよ。それをSNSに載っけてくれるんだけどね。そのおかげでLINEから仕事が来たりしたんだよな。

注16　「アウト×デラックス」
2013年から放送され、ナインティナインの矢部浩之とマツコ・デラックスが世間的に型破りな「アウトな人々」をゲストに迎えて、トークを繰り広げるバラエティ番組。

注17　MXテレビ
ゴールデンタイムに懐かしのアニメ番組を放送するなど、独特の編成センスが魅力の関東ローカルのテレビ局。

注18　「5時に夢中！」
MXテレビで平日の夕方に生放送され、岩下志麻子やマツコ・デラックスなど出演者が歯に衣着せぬ尖りまくった発言や、強力な下ネタを連発する情報バラエティ番組。

――「童貞」で仕事が来るようになったわけですよね。

でも、そのかわりにデザインの仕事はなくなってくんだけどね（笑）。前も話したけど、パソコンもケータイも持たずにレアな自分を演出しすぎて誰もオレを捉まえられなくなっちゃったんだよな。

――伝説のポケモンみたい……。でも、レアな存在っていう部分では40、50過ぎて童貞っていうのはそれだけでものすごいレアな存在じゃないですか。逆に女性から狙われることってないんですか？

ないと思うよ～。あとオレはすごい絶妙な距離感で女性と付き合うからな。

――でも、女の人の知り合いはものすごく多いですよね？

そうなんだよ。不思議なことに年を取れば取るほど周りは華やかになっていったな。

小林一茶の童貞記録を更新

――童貞仕事でいうと、山口さんは阿佐ヶ谷ロフト[19]でイベントを数回やりましたよね。

あれは仕事を辞める直前だな。知り合いとかいっぱい来てくれて楽しかったよ。デザインの

注19　**阿佐ヶ谷ロフト**
東京の阿佐ヶ谷にあるトークライブハウス。

仕事はどんどん減っていったけど、ネットで連載を始めたり、取材を受けたり、イベントに出たり、イベントをやったり、けっこう楽しくなっていくんだよ。結局のところデザイナーとしてデザインをやってるっていっても、あくまで裏方じゃん。それは自分の表現じゃないじゃない。そこがいつも不完全燃焼っつーか、物足りないなって思ってたんだよね。そんな時に別の仕事が増えだしたから、楽しくてしょうがなくてさ~。俄然デザイン仕事へのやる気がなくなっていくんだよ（笑）。あと、童貞であることでちやほやされだしたから、童貞を捨てる気もまったくなくなっていくんだよな（笑）。

——ちやほやされる前は捨てる気あったんですか？

たまに「捨てようかな」って時が来るのよ。52歳まで童貞だったといわれている小林一茶[20]の記録を破った時に、一瞬だけ、「もういいかな?」って思ったんだけど、ニュートン[21]とかガウディ[22]が85歳ぐらいまで童貞だったことを知って、「さらに記録更新すっかな」って思ったな（笑）。

——上には上がいることを知ったんですね。童貞を守ることで苦労とかあるんですか？

いや、楽だよ。

——そうなんですか？　これだけ誘惑がある世の中なのに。

でも、風俗とかまったく興味がないからな。童貞としてのオレに取材が来るようになってから、取材する人が、「今も童貞ですか？　来週取材したいのでそれまでは守っていてください」って言われたことがあったのよ。その時に、「あ、これは守らないといけないんだな」と思ったのよ。

注20　小林一茶
松尾芭蕉、与謝蕪村と並ぶ江戸時代を代表する俳諧師のひとり。52歳で初セックスを経験し、そこからはセックス漬けの日々であったといわれている。

注21　ニュートン
万有引力を発見したことで知られるイギリスの数学者アイザック・ニュートンのこと。研究に専念するため、また、結婚は犯罪と同様だと信じていて、セックスも避けるべきものと考えていたという説がある。

注22　ガウディ
スペインの代表的観光名所、サグラダ・ファミリアなどを設計した建築家、アントニ・ガウディのこと。信心深く、ひとり孤独に童貞を守り、イエスに祈りを捧げたといわれている。

——昨今のアイドルの恋愛禁止事情みたいな話になってますね。

昔さ、いましろ（たかし）[23]さんに「山口さんが革ジャン、革パン、グラサンなのは武装なんだよ。童貞を守るために」って言われたんだけど、本当にそうなのよ。朝起きて、家を出る時にオレは別人格になるんだよ。だけど、コンビニ行くのにも革ジャン着て、革パン穿いて、指輪とかネックレスをしないといけないからメンドくさいのよ。

——ちょっとの外出も武装するんですね！

部屋着のまま出るのはゴミを捨てる時ぐらいかな。今、母ちゃんがデイサービスに行ってるんだけど、その送り迎えの時に家からちょっと離れた場所に行くんだよ。その時も武装するんだけど、メンドくさくってしょうがないのよ〜。

——そこまでセルフプロデュースをする必要あります？

細部まで手を抜かないっていうのが大事なのよ。家から一歩でも出たら誰が見てるか分からないじゃん。これは世間様へのプレゼンテーションだからな。デザイナーだったけど、自分もデザインしてんのよ。

あと自分デザインでいうとさ、巣鴨を離れて御茶ノ水に事務所を引っ越した時、髪の毛も短くしてクロムハーツの服も捨てて、オノチンと一緒に666[24]に行って全身パンクファッションを揃えて、完全に切り替えたのよ。

——50歳を超えてパンク期に突入したんですね。

注23　いましろ（たかし）さん
1986年、『ビジネスジャンプ』に掲載された『不通の人々』でデビューした漫画家。代表作に『ハーツ&マインズ』『釣れんボーイ』などがある。

注24　666
パンクファッション専門ブランドの老舗。

それも自己プロデュースっていうかね。「これからはパンクだな」ってある時思ったんだよな。オノチンがくれた『ザ・グレイト・ロックンロール・スウィンドル』[25]のポスターも部屋に貼ったりしたな～。

占いが気になってしょうがないのよ

──山口さんって一緒に馴染みの街を歩いてると、いろんな人から声をかけられてますよね。

そうなのよ。まずファッションが分かりやすいんだろうね。巣鴨なんかは長かったから、普通のＯＬさんとかも挨拶してくれてたよ。飯屋はだいたい二回行けば常連になっちゃうね。

──50歳を過ぎた童貞として徐々に世間に知られていくなかで、街でまったく知らない人に声をかけられたりすることも増えたんじゃないですか？

そうだね～。電車の中で話しかけられたりもするし、チヤホヤされると気分イイんだけど、本屋で星占いの本を立ち読みしてる時に声をかけてこられるのは困るよなぁ。アレは恥ずかしいよ（笑）。

──星占いの本！　意外と乙女な部分がありますよね。

注25　『ザ・グレイト・ロックンロール・スウィンドル』
セックス・ピストルズのドキュメンタリーという体裁は取られているものの、実際はマネージャーのマルコム・マクラーレンのプロパガンダ映画。しかし、非常に興味深い内容が満載で一見の価値あり。

オレ、かなり乙女だよ。占い大好きだからな。毎日気になってしょうがないんのよ。「めざましテレビ」の星占いとか、いろんな雑誌の占いコーナーとか、たいていチェックしてるんだよ。気持ちわりぃよな（笑）。でもさ、だいたい占いって女性向けなんだよ。「今日のラッキーアイテム・リボン」とか、どうすりゃいいんだ？　ってもう毎日大変だよ。

――なぜ占いを気にするんですかね？

オレ、他力本願だからさ。占いとかに気をつけとけばなんとかなるだろうっていうだけなんだよ。宗教とか神様とかは信じてないけど、ちゃっかり神頼みはするんだよ。初詣もちゃんと行くしな。

――意外！

オレ、運命論者なのよ。なるようにしかならないっていう、常に運命に身をゆだねてる状態なんだよな。

――童貞の人から相談を受けたりすることもあるんじゃないですか？

あ〜。ガチな童貞から相談受けることはあるな。怖いよ。

――ガチな童貞なのに。とはいえ、世間一般の童貞とはわけが違いますよね。

そうそう。上から目線で言わせてもらうと、ヤレねぇんじゃなくて、ヤラねぇんだよ、っていうね。

親戚は童貞であることを知ってる

——もうちょっとプロ童貞ライフについて聞きたいんですけど、山口さんは同窓会に行ったりするんですか？

高校の時の同窓会は何年かおきにやってて、この前も声かかったんだよ。でも、母ちゃんの介護してっから行けなかったんだよな。今会うとビックリするよ。ほぼ孫がいるからな。

——同級生たちはいまだに山口さんが童貞ってことを知ってるんですか？

知ってるような、知ってないようなだな〜。でも、親戚は知ってるよ。

——え！

親戚って、ほら年賀状[26]を出すじゃん。

——あの年賀状、親戚にも出してたんですか！

そうよ。法事の時とか、親戚と会うといつもあの話になるよ（笑）。80代の叔母さんがインターネットでオレのこと調べてて、オレについてスッゲー詳しいのよ。

——インターネットを使える時点で山口さんよりも近代化が進んでますね。

注26　**年賀状**
P20「ROCKER'S WORKS」参照。

そうだよなぁ。あと、法事の時に知らない遠い親戚に会うと、「この人、童貞で有名なんだよ」って紹介されるよ。

——親戚付き合いで「童貞」っていうワードが飛び出す感覚はわけ分かんないですよ。独身だと親戚の集まる場ではだいたい「まだ結婚しないのか？」とか言われたりするものじゃないですか。

もう言われないな〜。昔は言われたりしたけどね。20年ぐらい前は叔母さんが真面目に、「誰か紹介しようか」みたいなこと言ってきてメンドくせぇなって思ったりしたけど、ハッキリ断ったよ。

——ご両親は童貞であることをご存じだったんですか？

両親に関してはどこまで知ってるのか分かんねぇな。「結婚しないのか」とかもほとんど言われた覚えはないよ。でも、サラリーマンとかなら結婚もいいかもしれないけど、自由業の人には結婚はオススメしないな。やっぱね、発想が保守的になると思うんだよ。結婚によっていろんな部分でブレーキかかるよ。

——その流れでいうと、山口さんが震災直後で世の中がかなりゴタゴタしてる時期に「こんな生きづらい世の中で結婚や子供を持つことなんてオレにはとうてい考えられない」って言ってたのが印象に残ってるんですよ。

これからの時代、えらい試練だと思うんだよ。生きづらい世の中でさ。どう生きていけばいいのかよく分からないじゃん。子供にツラい思いをさせるのがイヤじゃん。

——童貞の発言とは思えないですね。

でもね、最近ちょっと考え方が変わってきたんだよ。というのも、今は世の中の変わり目でさ。これからは必死こいて仕事をしなくてもいい世の中になってきたんじゃねーの？　好きなことをとことんやれる世界っていうかさ。

——たしかに、30歳や40歳でフリーターでも全然問題ない世の中になりましたからね。

そうなのよ。たとえコンビニのバイトでも、好きなことさえできてたら生きてて楽しいじゃん。好きなことがないのは問題だけどな。

第6章 引退発表

OLd Cherry PUNK

ずっと頂点にいるなんてありえない
自分がダメになったことを
見極められないといけない

人のデザインより自分のデザイン

――山口さんは2016年あたりから引退を仄めかし始めましたよね。

そうそう。2015年ぐらいから、母ちゃんの認知症が激しくなってきちゃってね。しょっちゅういなくなっちゃうんだよ。酷い時は松戸から綾瀬まで歩いて行っちゃったりね。で、イイ具合に仕事もなくなってきたんで、そろそろ辞め時だなって思い始めたんだよ。で、2016年の2月になると、母ちゃんは毎日のようにいなくなるようになっちゃってさ。これはいよいよだなって思って決心したんだよな。

まぁ、今考えると親が認知症になってなかったら、とくに情熱もなくダラダラと仕事をやってたかもしれないしな。いいキッカケをもらった感じはあるんだよ。前も話したけど、自然の流れに身を任せた結果だね。

――前章でも話してましたけど、デザインという仕事自体にも不満があったんですよね。

あんまり楽しくはなかったな。デザインなんてたいした仕事じゃないよ。やっぱり書籍のデザイナーって、たとえデザインした本がいくら売れてもオレの成果じゃないし、デザインで売れてるってわけじゃねぇだろうしさ。デザイナーが自己主張するのは良くないっていう考えなんだけど、そのぶん欲求不満だったよね。

——その欲求不満はいつぐらいからですか？

ずっとだな〜。オレさ、よく「どうしたらデザイナーになれますか？」って聞かれたりするのよ。でも、ほぼ社会不適合者のオレでもなれたんだから誰でもなれるよ。みんな気がついてないだけでさ。まぁ今からデザイナーになりたい奴がいるなら、まず人のデザインなんかする前に、自分のデザインからしたほうがイイよ、って言ってあげたいね。それだけだな。

——カッコいいこと言いますね！

あとはさ、フリーになってデザイナーとして15年やってきたんだけど、それって岸辺から沖のほうに出て自由にしてたってことじゃない。わざわざフリーランスになる奴って沖の方まで出ていきたいっていう意識があると思うんだよな。だったらやっぱり一回は岸に戻ってこないとダメだと思うんだよ。浅瀬でウロウロしてる奴っているじゃん。サラリーマンとかはそれでいいと思うんだけど、ずーっと沖にいる奴っていうのはたんに遭難してるってことだよ。これはどういうことかというと、やっぱり人間、ずっと頂点にいるなんてありえないと思うのよ。自分がダメになったことを見極められないとな。

——去り際の美学ってやつですかね。

そうだなぁ。最後までしがみつくダサいやつにはなりたくねぇよな。オレはデザイナーとして15年ぐらいやってたけど、周りを見渡してもわかるように、どんな人間でも一生のうちのピークって10年ぐらいだよ。

――それは仕事のうえでのピークってことですか？　それとも人生のピークですか？

総合して「輝いてる時」っていう意味かな。

――山口さんから見て、ずっとピークの人っていませんか？

キムタクぐらいしかいねーな。

――テキトー！　でも、キムタクはキムタクで、ＳＭＡＰが解散しちゃったりと混迷期もあったんじゃないですか？

そうか〜。オレも混迷期だから他人とは思えないな。いつもオレってキムタクとシンクロしてるのよ。キムタクが髪の毛短いとその時期はオレも髪の毛が短いのよ。

――この世でもっともどうでもいいシンクロですね。

ちなみにキムタクには間違えられたことはないけど、野村義男[1]には間違えられたことあるよ。タクシー乗ってたら「お客さん！　たのきんトリオ[2]でしょ？」って言われたことあるな（笑）。

注1　野村義男
ジャニーズ所属のアイドルとしてデビュー。現在はギタリスト、音楽プロデューサーとして活動している。仮面ライダーの大ファン。

注2　たのきんトリオ
近藤真彦、田原俊彦、野村義男の三人からなるグループ名。

親父とはエロ趣味が一緒だったね

――引退宣言してからはどんな日々を過ごしてたんですか？

２０１６年の2月ぐらいからほとんど介護してたな。で、母ちゃんをデイサービスに預けてる間だけの週2ぐらいで事務所に行くようにして、事務所をひたすら片付けてたよ。でも事務所にいる間に誰かから電話がかかってきたりしてさ。そのままお茶したりしちゃって、ダラダラやってたんだよね。家が大変だったから完全に現実逃避だよな（笑）。

そんなこんなしてたら、その年の夏に親父が救急車で運ばれちゃってさ。そこから親父が施設に入って、ようやく事務所が片付いたのが２０１７年の暮れだったな。でも、事務所が片付いたと思ったら、なんと年明けに親父も片付いちゃったのよ。

――粗大ゴミみたいに言わないでくださいよ！　ちなみに山口さんのお父さんはどんな人だったんですか？

これがオレの年ぐらいの父親にしては珍しく兵隊に行ってるんだよな。14歳で志願して海軍行ってたらしいね。でも、よくよく聞いたら志願して一ヶ月ぐらいで終戦になったんだって。

だから考え方的には古いっつーか、やっぱり大日本帝国の人だったな。

――すごい表現……。

「俺の村では海軍に入ったのは俺だけだ」ってよく自慢してたよ。あと戦争が終わった時、玉[3]音放送を聞いてたらしいけど子供すぎて天皇陛下の言葉がなに言ってるか全然分かんなかったんだって。でも、目の前で先輩たちがボロボロ泣いてるんで、「どうして泣いてるんですか?」って聞いて、そこで初めて日本が降伏したってことが分かったらしいよ。

――生々しいですね。

そこからすごいのが、上官が「大日本帝国軍は降伏したけど、日本海軍は降伏してないから厚木に降り立つマッカーサー[4]を迎え撃つ！　やる気のある者は手を挙げろ！」って言って、そこで手を挙げたのはウチの親父だけだったらしいよ。これはさすがに作り話っぽいよな〜。でも、その先が本当っぽくてさ。そこで手を挙げた親父だけがすぐに田舎に帰っていいってことになったんだって。

――すごいエピソードですね。

そうそう。でも、ウチの親父はドスケベでさ、死ぬ直前までドスケベでしたよ。オレの事務所に『アサ芸』[5]と『週刊大衆』[6]が送られてくるから、それを親父にあげてたんだよ。で、親父は袋とじを開けるのが大好きで、なおかつ袋とじの中でもお気に入りはちゃんと切り取って、タンスの中に保存してたんだよ。

注3　玉音放送
天皇の肉声（玉音）を放送すること。ここでは1945年8月15日に放送された太平洋戦争に負け、日本が降伏したことを伝えた放送を指す。

注4　マッカーサー
戦後、GHQ司令官として日本に赴任したアメリカ軍人、ダグラス・マッカーサーのこと。

注5　『アサ芸』
1947年、徳間書店から創刊されたゴシップ誌『アサヒ芸能』のこと。エロ記事と暴力団情報など、大人のエンターテイメントが充実した誌面が特徴。

注6　『週刊大衆』
1958年、双葉社から創刊された総合週刊誌。ヤクザ、エロス、スキャンダルの3本柱に加え、袋とじの充実度の高さが特徴。

注7　風間ゆみ
Hカップを誇る熟女系AV女優。編集ものの作品を加える

——息子同様エロに真摯ですね。

そうかもな〜。弟が死んだ一年後に一回倒れて、それからずっと具合悪かったんだよ。心労がかなりあったんだろうな。最期は施設だったんだけど、オレが話しかけても無視するのに、女の看護師さんが話しかけるとニヤニヤしやがってさ〜。親父が死んだ後に家にある親父の荷物を整理してたら、缶々の中から風間ゆみ[7]さんの袋とじが出てきて、「なんだよオレと趣味一緒かよ。血は争えねーな」って思ったな（笑）。

職業・喫茶店プロトーカー

——山口さんはデザイナーを引退するかしないかぐらいの時期に、YouTuberになろうとしていた時期もありましたよね。

ネット使ったことないのに、周りの人が「やりなよ」って言うから始めてみたんだよ。「アナーキー・イン・ザ・駄菓子」[8]っていう駄菓子を紹介するやつと、いろんなゲストを呼んでトークする「明の部屋」[9]ってやつね。どっちも数回で終わったけど（笑）。あと、チェリーガン[10]っていう童貞ビジネスを始めたんだよ。全国童貞連合[11]、略して全童連っていう団体があるんだけど、

と出演作数は2000本を超えている。

注8 「アナーキー・イン・ザ・駄菓子」 山口明が駄菓子について語るYouTube番組およびブログ。残念ながら動画は現在見ることはできないが、手描きのイラストエッセイが素晴らしいブログは12回目までアップされている。

注9 「明の部屋」 山口明がホストを務め、毎回ゲストとトークを繰り広げるYouTube番組。現在第3回目までアップされている。

注10 チェリーガン 山口明が代表を務めるアートグループで、Tシャツを制作・販売している。

注11 全国童貞連合 「愛を求めて男を磨く、モテないけどイケてる男の集団」をモットーに活動。山口明は2代目会長を務めた。

そこの会長が「会いたい」って接触を試みてきてさ。そこから立ち上がったプロジェクトなんだけど、名刺を作った時点で飽きちゃったんだよな。

——山口さんはどんな肩書きなんですか？

「切り札」。

——なんですかそれ……。

今はネットでTシャツ売ったり、あと他の奴が勝手に野菜売ったりしてるよ。わけ分かんねーけど。

——山口さん自身がデザインしたTシャツブランドも立ち上げましたよね。

そうそう。ついにブランドを始めたんだよ。オールド・チェリー・パンク[12]ね。童貞がアパレル業界に進出だよ（笑）。あと、これは発案しただけなんだけど、「PICASOKKO」[13]っていう子供のお絵かき投稿サイトとかね。石原まこちん[14]先生の『にぎっとレゲエ寿司』[15]もオレが原案っつーか、企画協力もやったし、デザイナーを引退してからのほうが楽しくて充実してんのよ。昔っからアイデアを出すことだけは好きだったしさ。今もずっと何かしら考え続けてるよ。なんでだろうな。子供の頃から空想好きで、突飛なことより実現できそうなことを考えるのが好きだったな。

——デザイナーを引退してからの山口さんは、ますます何をやってる人なのか分かりにくくなりましたよね。

注12　オールド・チェリー・パンク
山口明が童貞をテーマに、パンキッシュなデザインを手がけているブランド。

注13　「PICASOKKO」
子供の絵や工作などの作品を、スマホで撮って簡単に保存できる、児童アートプロジェクトSNS。

注14　石原まこちん
P6参照。

注15　『にぎっとレゲエ寿司』
2016年から石原まこちんが『別冊ヤングチャンピオン』で連載した、寿司とレゲエが融合したカオティックな奇跡的傑作。歌手のaikoも本作品のファンであるとTwitterで公言している。山口明は企画協力としてクレジットされている。

それが理想だよ。小学校の時の通信簿に、「山口くんは落ち着きがありません。お尻に虫がいるのかな」って書かれたんだよ。でも落ち着かないって別にいいだろ。職業だって転々としたっていいし、肩書きがひとつってのもありえないだろ？　やっぱり人間、好きなことを仕事にしたいじゃん。で、オレはなにが好きかって、喫茶店でダベってることなんだよ。実際に、引退後のある時期から「漫画のアイデアをくれませんか？」って編集者に呼ばれて、金もらって喫茶店でだべったりさ。喫茶店のおしゃべりが金になっちゃってるのよ。もうこれは職業、喫茶店プロトーカーだな。

――頭の悪いネーミング（笑）。

ゆくゆくは一時間に５００円とか取って、喫茶店でレンタル童貞として話し相手になったりね。

――どんな人でも話ができる強みがありますもんね。

そうなのよ。これ、なんでかっていうと、オレが「童貞です」ってカミングアウトしてから始まるんで、その人の趣味とか関係なくたいてい食いつくんだよな。あと、いくら下ネタを喋っても、しょせん童貞の下ネタだから、子供のたわごとにしか聞こえないんだよ（笑）。

――リアリティも危険性もないから安心ですね。

オレの好物は人の不幸

――一通り山口さんの人生を振り返ったうえで聞こうと思っていた質問なんですけど、これまで人生観に影響を受けた出来事ってあるんですか？

オレ、なにかにものすごく感動して、そこから自分の生き方が変わったりすることってないのよ。そこはコンプレックスというかさ。例えば音楽でも、ビートルズの登場も少し上の世代だし、パンクが日本に来た頃はちょっと大人だったし、ヒップホップも大人になりすぎてたしな。異常に冷めてんのかな……。

――そこに関してはようやくちゃんと共感できますよ！　それゆえ、何か面白いことを探すために本とか音楽とか映画とかにお金をつぎ込んでディグり続けてるっていうか。

そうそう。オレもそんな感じよ。死んだ弟が言ってたんだけど、オレが家に帰ってくると、「なんかおもしれーことないか？」って毎日必ず聞いてたらしくてさ。「もう聞かないでくれよ！」って言われたよ（笑）。あと、オレは毎日のようにいろんな人に電話するんだけど、一言目はだいたい「最近なんか面白いことありました？」なんだよ。

――たしかに必ず言ってますね！

まぁ何が面白いことなのかよく分かってないんだけどな。でも、ひとつ明確に面白いことがあるんだよ。

――なんですか？

人の不幸よ。

――やっぱり悪魔だ！

童貞だからか分かんないけど、イイ思いしてないっていうのが根底にずーっとあるんだよな。だからワイドショーとか週刊誌が大好きでさ。あれって基本的に人の不幸話しかないじゃん。楽しくってしょうがないよ。調子ノッてる奴が足をすくわれる話が大好物でさ～。あと復讐劇ね。

――あ！　マカロニ・ウエスタンが好きな理由はそこですか？

そうなのよ。カッコいいだけじゃなく、満たされない気持ちを満たしてくれるじゃん。

最後までしがみつくダサい奴にはなりたくない

生きているだけで表現になる人それがこれからのアーティスト

モノを作って評価されているうちはダメ

――じゃあ影響を受けた人物っていたんですか？

オレ、他人に興味がないし、子どもの頃から人の話聞いてないからなぁ。よく「話聞いてねーだろ」って怒られるのよ。聞いてるわけねーじゃん（笑）。でも、人の目は異常に気にするんだよな。

――自分にしか興味ないゆえに、他人から見た自分にも気を使うんじゃないですか。

そうかもね。だから影響を受けたっていうことはないのかもな。でも、いろんな人への憧れは常にあったよ。それでも、特定のこの人！ っていうのはないかな……。姿勢はパンクだけど、実体はミクスチャーなんだよ。

――パッと思い浮かぶ人物でもいいですよ。

それならまぁ、前に話したけど、アーティストだったら横尾忠則、アンディ・ウォーホル。ミュージシャンならジム・モリソン[16]とか、ミック・ジャガー[17]なのかな。やっぱりロックのカッコよさに憧れがあるな。ロックのカッコよさって、王道のカッコよさじゃなくて異形のカッコ

注16　ジム・モリソン
アメリカのロックバンド、ドアーズのヴォーカリスト。扇情的なパフォーマンスと、ドラッグやアルコールへの耽溺による破滅的な生き方は、イギー・ポップなど後の世代のロックミュージシャンに大きな影響を与えた。

注17　ミック・ジャガー
ローリング・ストーンズのヴォーカリスト。ナンシー殺害の容疑で逮捕されたシドのために弁護士を雇うなど奔走したナイスガイ。

よさじゃない。ハンサムとはいえないけど、カッコいい。背がちっちゃいとか、顔でかいとか、ウィークポイントはあるかもしれないけど、それでもカッコいい。だから王道なハンサムにはあんまり興味がないんだよな。そういうのを超えたカッコよさというか、技術を超えたセンスがある人が好きなんだよね。パンクもそうじゃん。ハナからテクニックじゃない音楽だしさ。

なんでオレが感性を重要視するのかっていうことをオレ自身で分析すると、たぶんオレがバカだからなんだよ。頭が悪いから、知性を否定するしかないんだよな。そう考えると、ブルース・リー[18]もそうとうバカなんじゃねーかな。「考えるな、感じろ」って完全に反知性。言ってることはただのヤンキーだもんな。

――突き抜けた反知性にはただならぬ魅力がありますもんね。

そうだよな。でも、勉強ができないから感性に頼ったり、感性に惹かれるのはしょうがないよ。あと、デザイナーが面白くなってきて、イベントやったりコラム書いたりしてたじゃん。その時に、クリエイターとか表現者としていちばん上の人って、なんにもモノを作らない人なんじゃねぇかな？　って思ったのよ。モノ作って評価されてるうちはダメだよ。存在するだけで表現、ってところまでいかないとな。

――例えば誰かその域まで達してる人はいますか？

（内田）[19]裕也さんはそうじゃん。こんなこと言っちゃ怒られちゃうかもしれねーけど、永ちゃん[20]（矢沢永吉）と裕也さん、どっちが上かって言ったら断然裕也さんが上だと思うのよ。「内

注18　ブルース・リー
香港の武術家・俳優。ジークンドーの創設者でもある。「アチョー」という怪鳥音とともに『ドラゴン危機一発』で一躍香港の人気俳優に。「考えるな、感じろ(Don't think. Feel!)」は『燃えよドラゴン』作中のセリフ。

注19　（内田）裕也さん
日本のロックの基礎を作った内田裕也のこと。「ヒット曲がない」は自身の自虐ネタにも用いられている。

注20　永ちゃん
キャロル時代から熱狂的なファンを持つロックンローラー、矢沢永吉の愛称。「時間よ止まれ」などヒット曲多数。

田裕也には「ヒット曲がない」とか言う人いるけど、いやいや、だからこそすごいんだよ！ って思うね。

これからのアーティストって、そういう人だと思うんだよ。生きてるだけで表現になっちゃう人。デザインをするとか、絵を描かないと何かを表現できないっていうのは表現者としては二流だな。

——あ、これはステゴロ論につながりますね。

叶姉妹とかデヴィ夫人もそんな感じだよ。肩書きが自分の名前じゃん。肩書きなんかないっていうのがカッコいいよな。だから、ある時期から思ったんだけど、童貞を更新していくことがオレの表現なんじゃねえかな。自分自身が現代美術っていうかさ。

——ここから一分一秒が大事になってきますよね。長生きしないと。

そうなのよ。ある意味自分の体を使って人体実験してるっていうか、医学的な側面もあるのよ。オレにいちばん近いのは野口英世[21]だよ。

——絶対言いすぎです！

注21 野口英世
1876年生まれの医学者・細菌学者。アフリカで黄熱病の研究中に感染して死亡。

童貞なのに性病疑惑

——ちなみに山口さんは体調面は今現在どこも悪くないんですか？

仕事辞めたら健康的になったよ。20年ぐらいずっと外食だったけど、今は毎日自分で料理してるよ。

——え！　何作ってるんですか？

オレ、外食してた期間が長かったぶん味にうるさくてさ（笑）。カレーとかもレトルトで食ってたけど、自分で作った方がうまいんじゃないか？　ってことで今は自分で作ってるよ。オリジナルメニューもけっこうあるし。女の人の知り合いに会うと、おいしいご飯の作り方を聞くんだよ。電気釜なんて使い方が分かんなかったけど、60歳間近で初めてご飯炊いたんだよ。自分で炊くからおいしいな〜。

——健康診断とか行ってます？

行かないね〜。調べたらどこか悪いかもしれねぇけど。オレ、人間にはちゃんと決まった寿命があると思ってるからさ。精密検査とかいくらやっても無駄だよ。どんなにジタバタしても死ぬ時は死ぬんだから。

——これまたカッコいいこと言いましたね。

でも、心配性だから、病院には行きがちだね。

——なんなんですか!

オレ、童貞なのに性病だと思って病院行ったことあるよ。

——どういうことですか(笑)。

今もあるんだけどさ、チンポにボツボツみたいなのがあるんだよ。

——ははははは! 大丈夫ですよ! それはみんなありますから。

そうらしいね〜! 性病の本読んでコンジロームかと思ってさ! 焦って病院行ったら、「これはみんなあるやつだよ。あっていいんだよ」って言われたよ。で、帰る時に看護師さんに「お大事に」って言われたよ。どこも悪くねぇのに(笑)。童貞なのに異常な耳年増なんだよな。

——童貞だからこそじゃないですか?

そうかもな〜。

一番手になれないならケツでいい

――最後に、今後の話を聞いていきたいんですけど。

そうそう、それがいいよ。オレ、過去に戻りたい願望もないし、昔は良かったとかも思わないタイプなのよ。常に今がベストっていうかさ。やっぱり、人間、過去にピークがあるのは良くないよ。常に「これから」。だから童貞っつーのもあんのよ。

――今後もネットは使わない方針ですか？

そうだな。オレ、スマホ持たなくて正解だよ。自分大好きだから、ずーっとエゴサーチしてると思うもん。見れないぐらいがちょうどいいよ。もしオレがスマホ持ってたらネットに一日中自撮りあげてるだろうな。

――ＳＮＳ中毒とかになってそうですね。

なってるな。コンピューターなんてドラッグカルチャーから出てきたもんだから、中毒性はあるんだろうな。だから今ぐらいの、ＳＮＳを管理してくれる人がいるぐらいの距離感がちょうどいいよ。そういうものには謙虚でありたいっていうのは常にあるね。

――その謙虚さは逆に不気味ですよ。

これ、オレが昔っから思ってることなんだけど、世の中から一歩や二歩ズレてるとカッコわりーけど、10歩ぐらいズレてると一周回って最先端になる可能性もあるのよ。だからなるべく音楽とか、映画とか、文化に関しても、周りがもてはやしてるものとは常に距離を置くようにしてるんだよ。だってオレ、やっと最近『マッドマックス　怒りのリローデッド』観ましたからね。

――リローデッドが付くのは『マトリックス』[22]ですよ！

あ、そうか（笑）！　『マトリックス』シリーズも公開から10年ぐらい経ってブームがきたからね。真面目なことを言うと、オレはたぶんスポイルされる怖さを分かってたんじゃないかな、と思うのよ。パソコンもケータイも持たない、っていうのはそういうことでもあるんだよね。

――世の波に無理して乗らないっていうのは前も話してましたね。

一番手になれないなら、いちばんケツでいいんだよ。高校の時から成績もケツだったけどな。

――たしかに、遅れまくった人には注目集まりますね。マラソンとかでも。

そうだろ？　運動会でもケツだったな～。

――そうすると逆にみんなが拍手で迎えてくれたりしますもんね。

そうそう。親が写真撮って「一等賞みたいだ」って言ってたよ。周りに誰もいないから（笑）。

――ハハハハ。そのぐらい無理しない生き方はいいですね。

注22　『マトリックス』
1999年に公開されたSF映画。斬新な映像は後発の映像作品のアクションシーンに多大な影響を与えた。『マトリックス　リローデッド』はシリーズ2作目のタイトル。ちなみに『マッドマックス　怒りのデス・ロード』は2015年に公開されたシリーズ4作目。

そうだよ。みんな頑張りすぎだよ。童貞も、頑張って捨てようとしない。

——その結果が現状ですもんね。

オレが20代の頃って、とにかく頑張ってセックスするようなことがもてはやされてた時代でさ。『ホットドッグプレス』[23]とか、いかに女にモテるかって本ばっかかで、ああいうの大嫌いでさ。そんなの女に失礼だろ。女はそんなにバカじゃねぇーよっていう。

——そういう文化へのアンチがあったんですね。

そうなのよ。

たいていの女は会った瞬間に抱いている

——ちなみに今現在も恋愛は興味ないんですか？

ないな。女の人はメンドくさいっていう刷り込みがあるんだよ……。女の人と仲良くはなったりするけど、何年かするとイヤなところとか見えてくるじゃん。そうなると「あ〜深い関係にならなくてよかったな……」って思うんだよ。それを廣瀬さんに話したら、「普通の人はすぐヤっちゃうから、一ヶ月ぐらいでイヤなところが見えるんですよ。だからみんな別れたりす

注23 **『ホットドッグプレス』** 1979年、講談社から創刊された男性向け情報誌。男子大学生たちの恋愛マニュアル的雑誌であった。

るんですよ」って言ってたな。

――たしかにそうかも……。達観しすぎて恋愛マスターみたいなところあるじゃないですか。

そうかなぁ。でもモテ連載やってたな。なんか俯瞰で見えるんだよな。

――この本を読んで山口さんにアタックしたくなる女性がいるかもしれないので一応聞きたいんですけど、「顔が似てる」以外で好きな女性のタイプってなんですか？

オレ、カッコいい女が好きなんだよ。背も高くないとイヤだし、短髪も好きなんだよな。

――楠田枝里子ぐらいしか思いつかないです。

今だったら『マッドマックス 怒りのデス・ロード』のシャーリーズ・セロン[24]だな。それを人に話したらシャーリーズ・セロンの『アトミック・ブロンド』[25]も薦められたんだけど、坊主頭じゃないし、義手じゃねーから興味ないな。

――極端すぎますよ！

あと、ルポライターの本橋信宏[26]さんにインタビューされた時、「好きなタイプは？」って聞かれて「その時好きになった奴がタイプ」って答えたら、「それは遊び人の発言ですよ！」って言われたな～。その辺は自覚してるんだけど、思考回路は童貞じゃないからな。

――どっちかというとヤリチン思考ですよね。

そうなのよ。ここまで童貞が長いと、居合の達人と一緒でさ。挿入してるかしてないか分からないうちにすでに挿入してるのよ。だからたいていの女は会った瞬間にすでに抱いてるんだ

注24　シャーリーズ・セロン
映画『モンスター』では第76回アカデミー賞主演女優賞や第61回ゴールデングローブ賞主演女優賞を受けたハリウッド女優。『マッドマックス 怒りのデス・ロード』では、スキンヘッドにノーメイクで出演し、新境地を開いた。また、『アトミック・ブロンド』では最強の女スパイを演じ、激しいアクションを繰り広げた。

注25　『アトミック・ブロンド』
ベルリンの壁崩壊が迫った1989年、MI-6が潜伏中のスパイを殺害した謎の組織を崩壊させるべく、戦いを繰り広げていく。

注26　本橋信宏
村西とおるとの濃厚な日々を追った『裏本時代』など多数の著書を持つライター・評論家。政治からアンダーグラウンドまで幅広い分野で活躍している。

よな。頭の中で。

——何度聞いても狂人の戯言ですね。今、しきりに「若者のセックス離れ」とか言われてるじゃないですか。山口さんはどう思います？

オレの時代が来たな。人間ってどんどん洗練されていくじゃん。たぶん、ニューヨークの人とかもうセックスしないんじゃねーの？

——してますって！

そうかな〜。こういう話をすると、「子孫の繁栄が〜」とか、「人類が終わるだろ」みたいなこと言われるけど、そんなもん科学の発展でどうにでもなるでしょ。

——たしかに人工授精とかも普通になってますね。

それがどんどん進んで、家とか家具みたいに、優秀な子供を優秀な遺伝子で作るデザイナーズ・ベイビーとかの時代が来ると思うんだよ。女の人だって10ヶ月とかお腹の中にいれて、痛みを伴う出産ってのもそろそろイヤだと思うんだよな。

——壮大な話になってきましたね。

でも、そうなってきたらオレは逆にヤリチンデビューかな、とも思ってるのよ。

——え！　童貞を守ることが自分の表現ってさっき言ってたのに！

考え方なんてコロコロ変わんのよ。パラノイアだから（笑）。

——そこに関しての異存はないですね。

若い人たちがセックスに興味がない。で、年取った人たちは年取った人たちでセックスレスだったりするじゃん。そう考えると、60歳過ぎてヤリまくってる人っていないわけじゃん。年取ってセックスしないのは普通のおじいちゃんだからな。だから還暦と共にヤリチンデビューだよ。

――ものすごい目標を打ち立てましたね！

それはそれで本を出したいね。新しい自分をプレゼンテーションだよ。実は仕事を引退した時に、童貞も引退しようかなってちょっと考えたんだよ。でも周りの人に「そんな乱暴な考えはイカンよ」って止められたんだよ。だから、この本もその一環かもしれないけど、2年後の60歳に向けて自分を磨いていくよ。肉ドスも。

――ははははは！　肉ドスって初めて聞きましたよ！

肉ドス研いでおかなきゃな〜。

――その宝刀、毎晩研いでるじゃないですか。

今でも下半身だけは現役だからね。いまだに切れ味抜群だからな。肉ドス磨きに余念がないのよ。

――身も心も中学生のままフリーズされてますよね。

オレ、いまだに頭の中のほとんどはエロよ。街を歩けば常に半ボッキ状態だから。

――危険人物ですよ！

オレぐらいの歳になると、たいてい夫婦はセックスレスとかじゃん。みんな早くヤリすぎだよ。オレみたいにスタートが遅いと、持続するのよ。

——まだ始まってもないのに。でも仕事でも同じこと言ってましたね。遅く始めてたっぷりインプットしてたから、アイデアが枯渇することはなかったって。

そうそう。なんでもそうだよ。みんな生き急ぎすぎてるよ。そんなんじゃ早く死んじゃうよ。

——パンクが好きな人の意見とは思えないな。でも、たしかに前はよく「セックスは老後」と言ってましたね。

今もその気持ちに変わりはないよ。だんだん流行ってきてるじゃない。スローライフよ。老後に楽しみがあったほうが絶対生きていけるもん。

——では、最後の一言！

オレの肉ドス、楽しみにしとけや。

ATOGAKI あとがき

山口明×市川力夫

——ずいぶん長い期間取材してきましたけど、どうでした?

山口　この本の話が来た頃って、母親の介護で大変な時期でさ〜。でも、この本のおかげでトンネルの出口が見えたっていうか、なかなかドラマチックなタイミングだったのよ。で、取材が始まると毎週のように会って喫茶店で話してたじゃん。おかげで楽しかったね〜。

——力夫くんはもともと知り合いだったわけだけど、何か新しい発見はあった?

市川　いっぱいありましたね。でも、この仕事が来た時は、正直「難しいな〜」って思ってたんですよ。山口さんのことは知ってるし、普通のインタビューじゃなくて満遍なく話を聞いて自伝的な内容にしなくちゃいけないじゃないですか。だから、『死刑囚ピーウィーの告白』っていう本を参考にしてましたね。

山口　え〜!

市川　これが山口さんとは真逆で被害者100人以上といわれてる性的猟奇殺人鬼ピーウィーって奴の本なんですけど、そいつが陰惨すぎる自分の人生を信じられないほど軽妙に語るんですよ。処刑間際の獄中で。しかも聞き手の発言が一切ない完全独白形式なので読んでて気が狂いそうになるんですけど、「特殊な人生を軽妙に辿る」という構成は近いかなと(笑)。

山口　オレってそんなに特殊な人生かな〜?

市川　童貞という中にさらにもうひとつ、山口さんの場合は「ヤりたくてヤれないんじゃなくて、ヤらなかった」と言ってるじゃないですか。その人生というか、生き方はかなり特殊ですよ。

だから、例えば普通の自伝だったら絶対聞いたりしない精通の話とかを聞いちゃったり（笑）。そういうどうでもいい細部や無駄なところに山口さんらしさがあるんじゃないかな、と。

山口　たしかに無駄って大事だよな〜。勝新も「無駄の中に宝がある」って言ってたもんね。今の世の中って合理性を求めすぎてるんだよな。合理性からは何も生まれないよ。不自由こそクリエイティヴっていうかさ。なんだか真面目な話になってきちゃったな。

——あとがきらしくなってるので大丈夫ですよ（笑）。

山口　あと、オレはこの本を作ってる最中に母親が介護施設に入ることが決まったんだよ。だから、この本が世に出たらようやく人生の再々スタートよ。オレってさ、仕事が順調になりだした1回目のブレイクが95年なんだよ。その年って地下鉄サリン事件とか、阪神・淡路大震災とかが起きて大変な年だったじゃん。で、今年も地震とか台風とか災害がたくさん起きててヤバイ年じゃん。世の中がゴタゴタしだすとオレの出番なんだよ。時代のターニングポイントに童貞が浮上する。

市川　なんですかそれ（笑）。ま、偶然とはいえ今年は麻原彰晃の死刑も執行されましたね。でも、95年でなんで童貞なんだろう……。95年あたりは女子高生たちがコギャルとなって街を闊歩し、96年には援助交際っていうワードが流行語に選ばれたりしてますからね。

山口　今も不倫とか、その真逆の〈セックスをしない若者〉とかが話題になってるもんな。

——性の乱れを正しに童貞が登場するんですかね……。

山口　そうかもしれないな〜(笑)。まぁ、オレの自伝が出るってこと自体がミラクルっつうか、災害っていうかな〜。

——あと、山口さんは運命論者みたいな発言がけっこうありますよね。

山口　意外にね。その流れでいうと、表紙の撮影でシド・ヴィシャスのコスプレみたいなことやったじゃん。その時にシド・チェーンを久々に着けたんだけど、途端に運気が上がって、その後に良いことが立て続けに起こったりしたのよ。

市川　シド・チェーンって開運アイテムだったんだ！

山口　そうだよ！　なんでかって考えたんだけど、アレって着けるのに勇気いるじゃん。

市川　知らない人からしたら南京錠を首からぶら下げてるヤバイ奴ですからね。

山口　だから自ずと気合いが入るっつーか。気持ちが入るんじゃねーの？

——ちなみにどんな良いことが起きたんですか？

山口　母親の施設入りが決まったり、新しい仕事のオファーが来たり、前からやってる「PICASOKKO」っていうサイトが本格的にビジネスになりそうだったりね。いろんなことが動き出してる感じよ。それを周りの人に言ったら、みんな「シド・チェーン着けようかな」って言ってるよ（笑）。

——平成の終わりにシド・チェーン・ブーム！

山口　でも、そもそもなんでこの企画は通ったの？　普通、通らないよ。なんかしただろ？

——いやいや、正攻法ですよ！

山口　そうなの？　だってデザイナーとしての評価も全然なかったしな。

市川　いやいや、フリーのデザイナーだったんだし、評価がなければ仕事なんてないんじゃないですか？　デザイナーとしてあれだけ仕事してたら周りから見たらじゅうぶん成功者だと思っちゃいますけど……。

山口　いや、あんなもんじゃダメだな！　全然イイ思いしてねーから。

市川　自分に課してるハードルが高すぎですよ。

山口　そうなのかな。オレって意外と昔から上昇志向っていうか、上を目指してたのよ。でも、熊田さんには「小学館とか講談社で仕事しちゃったら出版業界じゃ上はもうないぞ」って言われたんだよな。常に満足しなかったっていうか、欲求不満だったな。いつもヌキ足りねぇ感じっつーか。

市川　たぶんそれって童貞だからこそじゃないですか？　山口さんも言ってましたけど、童貞という〈不完全さ〉。それ故に満たされない気持ちや野望がどんどんデカくなっていくことはあるんじゃないですか？

——それこそ本書の副題にある「童貞力」ですよね。

山口　お！　じゃあみんなも童貞でいれば上へ行けんじゃん。

市川　でも、決して満たされることはないっていうジレンマがありますけど（笑）。

WILD CHERRY LIFE

ワイルドチェリーライフ 山口明

童貞力で一億総クリエイター時代を生きる

著者　市川力夫

発行日　2018年12月24日

発行者　工藤和志
発行所　株式会社 出版ワークス
〒651-0084　兵庫県神戸市中央区磯辺通 3-1-2 NLC 三宮 604
TEL 078-200-4106　http://spn-works.com

印刷　株式会社シナノ

編集　松原“マッさん”弘一良（MOBSPROOF）
デザイン　SUPERBAD、DESIGN STUDIO STUDS

撮影　中野賢太
撮影協力　下北沢 KILLERS
写真協力　株式会社 CURIOUSCOPE
THANKS　Everyone who cooperated with this book. And You!

Printed in Japan Published by Shuppanworks Inc. Kobe Japan
ISBN 978-4-907108-29-8

KILLERS
ILLERS
.ROCK. HC. OI
N 14:00 CLOSE 20:00
LIDAY IN THE TUESDAY